四方対象

オブジェクト指向存在論入門

The Quadruple Object

グレアム・ハーマン 著
Graham Harman

岡嶋隆佑 監訳
山下智弘
鈴木優花
石井雅巳 訳

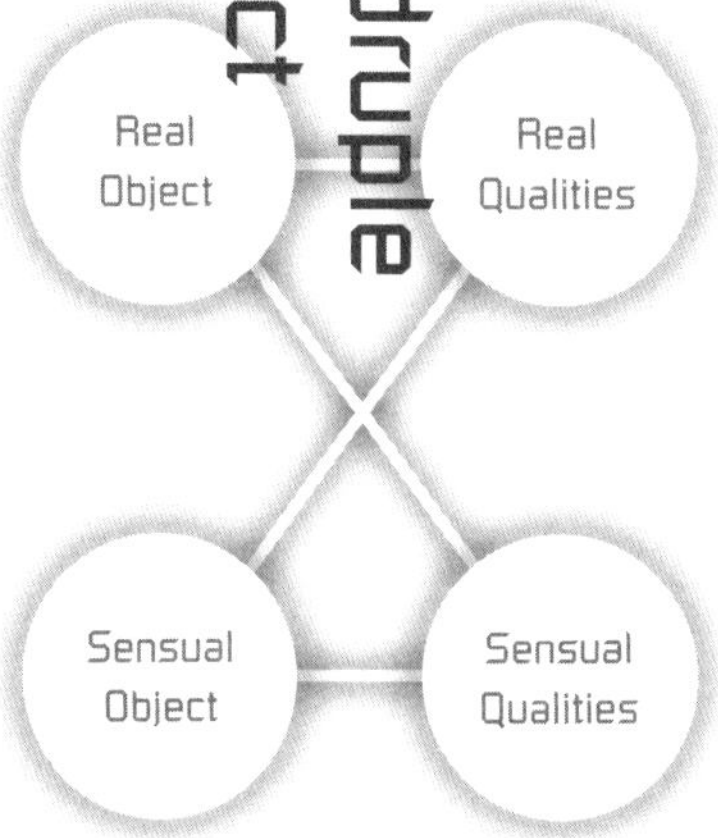

人文書院

目次

凡例

- 原文の“ ”には「 」を充て、イタリックには傍点を付した。また原文で大文字の単語・表現には、〈 〉を充てた。
- 訳文中、訳者補足には〔 〕を、原著者による（引用部の）補足には［ ］を充てた。またダッシュや（ ）の使用は、日本語としての読みやすさを優先させており、必ずしも原文を反映していない。
- 引用箇所は、邦訳や原典を適宜参照しつつ、原文を元に訳出した（ただし一部、既存訳に手を加えていない場合もある）。

四方対象

本書は、アメリカン大学カイロ校の学部研究助成金のおかげで成立したものである。快く申請を認可して下さった、プロボストのリサ・アンダーソン氏と副プロボストのアリ・ハディ氏に感謝する。

また、本書で用いられる図表は、ポートランド州立大学のミシェル・フラワー教授によって作成されたものである。ここに記して感謝したい。

英語版への序文

本書の初出となったのは、リール大学のオリヴィエ・デュブクレによる優れたフランス語訳、*L'Objet quadruple: Une métaphysique des choses après Heidegger* (Paris: PUF, 2010) である。本書の企画の経緯は、本書の構成を形作ったものであるので、読者もきっと関心をもってくれるだろうと思う。

カンタン・メイヤスーはかねてから、私の著作がフランス語で出版されるのを見てみたいと伝えてくれていた。彼の当初の望みは、私の最初の著作『道具存在――ハイデガーと対象の形而上学』(Chicago: Open Court, 2002) を翻訳するよう誰かを促すことであった。しかしこの望みは、パリの出版社にとって、フランスではまだあまり知られていない著述家への負担の大きい肩入れとしか映らなかったようだった。メイヤスー自身がPUFの*MétaphysiqueS*シリーズの編者の一人となった後でさえ、状況は見込みのないように思われた。しばらくの間、この企画は着手できない状態に陥っていたのである。

ある日、私は順番を逆にするという考えを思いついた。既存の本の翻訳のための資金を探すのではなく、予算と土地の区画に縛られた建築家のように、まずは助成金を見つけ、それからそれに適した新しい本を書くことができるかもしれない、と思い至ったのである。こうした考えに、私はすぐに興奮を覚えた。アイデアというものは、限定的な状況のプレッシャーによって形作られる場合に最も強固なものになる、というのが私の持論だったからである。もちろん、メイヤスー自身もこの提案の有益さを理解してくれた。すぐに私は、所属機関であるアメリカン大学カイロ校に研究助成の申請を行った。助成のプロセスそのものについて、事務上の冒険談を語ることにはならずに済んだ。二人の優秀な役員のおかげで本書が早世を免れたと言えば十分だろう（本書の執筆中私は何度も彼らに感謝した）。カイロで小切手によって支払いがなされ、計算がパリでなされた。すぐに私はメイヤスーから、ＰＵＦの標準的な翻訳料からすると、著作がどのくらいの長さであるべきかを知らされた。フランスの出版社は単語数でなく文字数に従って仕事を進めるものであるが、要求された長さは約四七〇〇〇単語相当であった。コンパクトな一冊を書くことになった。幸運なことに、すでに翻訳者の名前が挙がっており、メイヤスーが保証してくれたとおり、哲学者、英語話者、そしてまたフランス語の文筆家としてのデュブクレの能力は確かなものであった。

だが時期的な問題があった。二〇〇九年の夏、私はすでに、クロアチアでの講演に加え、イングランドで二つの講演をし結婚式に出席するという予定が詰まっていたからだ。そのため、本一冊を書くのに私に残された時間は、たったの六週間であった。私は開き直って、ネット上（https://doctorzamalek2.wordpress.com/）の私の読者のために、本書の執筆の「ライブ・ブログ」をやることに決めた。オーディエンスの存在には毎日きちんと仕事をするための有益なプレッシャーとなるだけでなく、大学院生の読者に対して、本の執筆過程を見せる機会を与えることができるという利点があるだろうと思ったのである。七月の下旬から八月の終わりまで、私は進捗状況を毎日投稿した。また私は好奇心から、本書の執筆の時間を計測した。その結果、『四方対象』の最終稿の完成には、八六時間と三四分かかったことがわかった。

　長さの制約に加え、本書の内容のうちのいくつかは読者の性質によって形作られたものである。フランスの一般の人々に、私の仕事は当時ほとんど全く知られていなかった。つまり、フランスの読者に必要な情報を与えるために、私は以前の著作の主要なアイデアを取り上げ直す必要があったのである。だがあまりにたくさんの反復があっては、その後出版されることになる——今あなたの前にある——英語版に、私の読者は興味をもたないだろうとも思われた。このような事情から、前半で私のすでに確立された考えの高度に圧縮されたバージョンが提示され、終わりに近づくにつれ新しい分野に進出するという、本書の独特な内容が生まれたのである。私はまた、フランスのエレガントな古典的散文が有する最も知られた長所の一つを模倣して、いつもより正確かつ直接的に書くように努めた。最終的に私はフランス語版からいくつかの奇妙なジョークやイメージを削除した。フランス語ではそれほどうまく通用しないことがわかったからだ。当然それらは英語版には残されており、南太平洋のカルト教のリーダーを待ち構えている。それ以外では、メイヤスーとデュブクレの素晴らしいアドバイスに従って、英仏両版の原稿を修正した。彼らの示唆によって五〇〇〇単語以上もの内容が追加され、デュブクレの特筆すべき好意によって、追加分は無償で翻訳された。最後に、(メールを通じてしか交流したことのない)私の友人ミシェル・フラワーが、本書で見られる魅力的な図を手がけてくれた。カイロで助成金を確保してくれた二人の役員に加え、以上の三人を加えた少なくとも五人が、私の他に、『四方対象』の存在そのものに決定的に寄与した人々である。ゼロ・ブックスで契約を交わした主な人々(とりわけ、タリク・ゴダールとマーク・フィッシャー)を加えれば、その数はずっと大きいものになる。

哲学ブロガーとして、私はよく学生に文章の書き方のアドバイスをすることがある。私が好んで彼らに伝えることの一つは、執筆作業の二つの大きな敵、すなわち、執筆を阻む二つの最大の要因である無と無限についてである。無とは書き始める際の何も書かれていない紙やコンピュータのスクリーンであり、無限とは、非常に広い範囲の重要な事柄について何か言わねばなるまいという、自分自身によって課されるプレッシャーのことだ。この固く結びついた二つの脅威への私の対処法は、プロジェクトに課された、自分が制御できないあらゆる制約——私が選択の余地なく絶対に従わねばならず、明らかに無でも無限でもないルール——を強く意識するというものである。そのプロジェクトにかかっている全ての制約を特定するだけで、自由な決定の余地は狭められ、扱える範囲に収まり、無と無限という亡霊たちは、夜が明けたかのごとくたちまち消え去ってしまう。こうなれば、一人の生涯の仕事をたった六週間の執筆でまとめあげることができるというわけだ。今あなたが手にしているこの本ほどに予算や読者に縛られたものを書いたことは私はこれまで一度もなかった。にもかかわらず、本書は、私の頭をここ二〇年占めてきた馴染みの思想と、今後の二〇年占めるであろう馴染みのない思想の双方の完全な縮図となっているのである。

はじめに

徹底的な懐疑の代わりに、素朴な観点から議論を始めよう。哲学が、科学者や銀行員、そして動物たちの生活と共有していること、それは私たちが皆、対象（*object*）に関わっているという事実である。「対象」の正確な意味は以下で詳述されることになるが、〔あらかじめ述べておけば〕そこには物理的でない存在者や実在的でない存在者さえ含まれているはずである。ダイヤモンドやロープ、中性子と並んで、軍隊や怪獣、四角い円、そして実在する国や架空の国から成る同盟もまた、対象の内に含まれうるということだ。こうした対象は全て存在論によって説明されねばならず、その価値を貶めたり、取るに足らないものとみなしたりしてはならない。とはいえ私は——私の仕事に好意的な人と批判的な人のいずれもが繰り返すように——、全ての対象は「等しく実在的だ」などとは、一度も主張していない。ドラゴンは電柱と同じように自立的な実在性をもっているなどと言うのは誤りだからである。私の主張は、全ての対象が等しく実在的であるということではなく、全ての対象は等しく対象であるというものである。実在的なものと非実在的なものを同じ仕方で説明するより大きな理論の下でしか、妖精やニンフ、ユートピアがヨットや原子と同列に論じられることはないはずだ。こうしたアプローチがいくらかの読者に、一九世紀後半のオーストリア学派の対象理論（トヴァルドフスキ、マイノング、フッサール）を想起させるとすれば、〔私と彼らとの間には〕少なくとも二つの主要な相違が、本書を通じて見出されることになるだろう。（1）私のモデルによれば、対象は、ハイデガーから引き出される四方構造（fourfold structure）をもっている。（2）私は非人間的な対象同士の因果関係を、人間による対象の知覚と区別なく論じる。しかし私はハイデガーによる（否定的な意味での）「対象」と（肯定的な意味での）「事物（thing）」との区別を採用していないという点にもまた注意すべきである。「対象」という言葉がブレンターノ学派において獲得した一般化の力は、ハイデガーの用語法のカルト的な儀式の生贄となってしまうにはあまりにも惜しいものなのである。

　哲学史には、すでに非常に多くの個体的対象についての理論が存在する。アリストテレスの第一実体に始まり、ライプニッツのモナドや、フッサールとそのライバルたちのオーストリア学派を介して、ハイデガーの四方構造をもった「事物」へと至る一連の理論のことだ。私は、こうした貴重な先人たちを賞賛している。だが本書の目的は、彼らの理論をまとめ上げることではなく、あらゆる対象とそれらが関与することになるあらゆる知覚的関係と因果的関係を語りうる形而上学を提起することである。私は本書で、人間と対象の間だけに関係の隔たりがあるというカント以降の強迫観念を退け、綿と炎の相互関係が、人間と綿の相互関係や、人間と炎の相互関係と同じ土俵に立っているると主張する。

対象が哲学の基礎的要素だということを否定する人々には、二つの基本的な選択肢だけが残されている。〔一方で〕対象は何らかのより深い力の表面的な効果にすぎない、ということができる。この場合、対象は「解体（undermine）」されることになる。あるいは対象は、それが有しているより確かな性質や関係に比べれば、無益な迷信にすぎないということもできる。その場合、対象は「埋却（overmine）」されることになる。以下ではまず、これら二つの批判的戦略を検討し、両者はなぜ上手く行かないのか、そしてなぜ対象が最終的に勝利を収めることになるのかを見ていくことにしよう。読者は、本書が結局、原子やビリヤード玉についての伝統的でつまらない実在論を提起することになるのではないか、などと心配する必要はない。本書で提示される対象は、むしろ、日本の寺に出るお化けや月の不思議な光のように奇妙なものなのである。

第一章　解体と埋却

懐疑でなく素朴な観点から議論を始めるなら、対象は直ちに主役となる。私の机の上には、ペンやメガネ、期限切れのアメリカのパスポートがある。これらの対象はどれも、多くの性質をもち、様々な側面や様々な使い方を示すことができる。さらに、各対象は、その特徴の多様性にもかかわらず、一つの統一的事物である。このことは私を取り囲んでいる非物理的な存在者――エジプト、カイロ、あるいはザマレクの近隣――にも同じように当てはまる。ギボンのローマ史を開けば、ディオクレティアヌスやグノーシス主義者など、私たちの時代にはもはや存在しない歴史的な対象が見出される。数学者は、物理世界を離れ彼らの観念的な領域に逃げ込んでいるときでもなお、整数から円錐に至るまでの様々な対象に対峙している。同じことは、仕事があまりに苦痛になったときに私の頭を支配するケンタウロスやペガサス、ユニコーン、ホビットにも当てはまる。

こうした対象のうちのいくつかは物理的であるが、その他は物理的ではなく、またいくつかは実在的であるが、その他は全く実在的ではない。しかし、世界の中で心と呼ばれる領域に限っても、あらゆる対象は、統一的対象である。対象とは、多くの特性を示すと同時に隠す単位である。素朴な観点に立つ本書は、そうした対象のうちどれが実在的でどれが非実在的であるのかということについて、あらかじめ何らかの主張を提起したりはしない。とはいえ、知性の働きというものは、通常、素朴であるより批判的であるとみなされている。批判的思考は、膨れ上がった存在者の集合をそのまま受け入れたりはせず、対象の正体を暴き、その自立性を否定しようとする。対象は、心の産物として片付けられたり、物理的な小片の単なる寄せ集めとして片付けられてしまうのである。しかし、本書の立場は、批判的でなく、真率なものである。私はいくつかの対象を他のより優れた対象へと還元しようとは思わない。その代わりに私が試みるのは、対象が、その可視的な性質や不可視的な性質と関係するのはいかにしてか、そして対象が他の対象に、そしてまた私たち自身の心と関係するのはいかにしてか——こうした問題を一つの形而上学において説明することである。

A　解体

対象への第一の批判的な反応は、それは根本的ではない、と主張するものだ。私たちが見る犬やロウソクや雪のかけらは、全て何かもっと基礎的なものから構成されているのであって、そのより深い実在こそが、哲学の本来の主題である、というわけである。アナトリア半島の海岸に波が打ちつけていたことから、タレスは、水こそがあらゆるものの第一原理だと主張した。続くアナクシメネスにとっては、水でなく空気が世界の根源であった。エンペドクレスになると少しだけ事態は複雑になる。彼によれば、事物は一つでなく、四つの異なる要素によって構成される。すなわち、空気・土・火・水の四元素が愛と憎しみの力によって結ばれたり離れたりすることから事物が生じるのである。最後に、デモクリトスに至ると、様々な形や大きさをもったアトムが、より大きな事物にとっての根本的な要素の役割を果たすようになる。現在の唯物論はアトムの代わりに、クオークや微細なひもについて語るようになった。これらのどの場合においても、〔機能しているのは、〕同じ批判的な方法である。すなわち、一見自立的な対象であるかのように思われるものも、実際には、より小さな部分の寄せ集めにすぎない。基礎的なものだけが、実在的でありうる、というわけである。

何人かのソクラテス以前の思想家のように、こうした小さな要素の唯物論よりもさらに遠くへ進むこともできるだろう。というのも、複数の物理的要素がその他の要素に対して支配的だというのは、ある意味雑な考えだからだ。そうでなく、実在は根本的に一つであり多様性は幻想であると主張するなら、基本的な物理的要素についてのそうした理論は、表層的なものであるように思われてくる。哲学は一元論と化す。古代ギリシャにおいて、この「一者」には、あるものや形をもたないアペイロンなど、様々な名前が与えられてきた。この概念を擁護する人々の間で合意が得られないのは、一者はかつて存在し何らかの仕方で部分へと散らばったとするか（ピタゴラス、アナクサゴラス）、現在において存在するが私たちは感覚によってそうではないと考えるように欺かれているとするか（パルメニデス）、あるいは、未来において正義が訪れ、あらゆる対立物が破壊された後に存在するようになるとするか（アナクシマンドロス）、といったいくつかの論点だけである。似たような例は、近年のフランスの様々な思想にさえ見出すことができる。エマニュエル・レヴィナスの鳴り響くイリヤは、人間の意識によってのみ砕かれるものであり(1)、ジャン＝リュック・ナンシーの形なき「何でもよいもの（whatever）」も、あらゆる個別的存在者に先立つものである(2)。以上の様々な理論〔に共通〕の困難は、全てが本当は一つであるとしても、それがなぜ断片へと分割されることになるのか――この点についてはほとんど理由が存在しないように思われることにある。

まさにそうした懸念からしばしば、より巧妙なモデルとして、「前個体的な」事物について語る中途半端な一元論が生じることがある。その起源となったのはアナクサゴラスの思想である。彼にとって、アペイロンから分離した断片は、他のあらゆるものの種子を含んでいた。一本の木にも、鳥や花や火が、暗号化された形で含まれており、それによってある事物が別の事物へと変形することが可能となっているに違いない、というわけである。このような理論は、ジョルダーノ・ブルーノの大それた形而上学において復活する。それによれば、無限の質料が、そこに包含された諸々の形相と結びついた状態で、個別的存在へと「縮限（contraction）」されるのを待機しているという(3)。こうした理論は、ジルベール・シモンドン(4)によっても提起され、現在ではマヌエル・デランダが(5)（ベルクソンのような仕方で）「異質的だが連続的」な潜在性の平面《プラン》について論じている。しかし、一者の哲学には多数の事物の発生を説明することに、多元論の哲学には複数の事物の間の接続を説明することに困難があるのだとすれば、「前個体」の領域に訴えたところでそれほど助けにはならない。というのも、そのより深い実在が個別的事物の種子を含んでいるのだとしても、そうした種子は相互に区別されるかされないかのいずれかでしかないからだ。区別されないなら、一元論が帰結する。区別されるとしても、そこにあるのは複数の対象からなる現実世界と同じ状況であって、対象は「接続されていると同時に切断されている」という断定以外に、得られるものは何もないのである。

対象という身分をあまりに静的なものとして否定し、「差異の戯れ」や生成の原初的な流れを肯定したとしても、同じ問題が生じる。実在そのものは流れである以上、対象を持ち出したところで、生ける内的なダイナミズムを欠いた抽象的状態へと生成を結晶化しているにすぎない、などといったことが言われるかもしれない。しかしその場合も、先と同じ問題が生じているのである。という

（1） Emmanuel Levinas, *Existence and Existents*. Translated by A. Lingis. (The Hague: Martinus Nijhoff, 1988.)〔『実存から実存者へ』、西谷修訳、ちくま学芸文庫、二〇〇五年〕

（2） Jean-Luc Nancy, "Corpus." Translated by C. Sartiliot. In Nancy, *The Birth to Presence*. Translated by B. Holmes & Others. (Stanford, CA: Stanford Univ. Press, 1993.)

（3） Giordano Bruno. *Cause, Principle, and Unity*. Translated by R. de Lucca. (Cambridge, UK: Cambridge Univ. Press.〔『原因・原理・一者について』（ジョルダーノ・ブルーノ著作集第三巻）、加藤守通訳、東信堂、一九九八年〕

（4） Gilbert Simondon, *L'individuation à la lumière des notions de forme et d'information*. (Grenoble: Millon, 2005.)

（5） Manuel DeLanda. *Intensive Science and Virtual Philosophy*. (London: Continuum, 2002.)

のも、この犬やあの月がより深層の流れからの抽象にすぎないとしてもなお、世界は一つの流れなのか、それとも多数の流れなのか、と問う必要があるからだ。一であるなら、一元論に戻ることになる。しかし多であるなら、各々の流れは、何らかの個別的で不可欠な性格をもっていることになり、それだけですでに一つの対象と化しているのである。同じことは、事物は同一性をもたず、つねに自らと異なっている、と主張する差異の哲学にも当てはまる。対象が自らと異なるという主張が何を意味していようと、飛行機や人参、電柱、三段櫂船や壁、そして人間は、それぞれが互いに様々な仕方で実際に異なっているからである。差異の哲学は、否定や関係によって相互の区別が曖昧になった存在者たちをあたえてくれるかもしれない。しかしそれでもなお、それらは複数の存在者なのだ。

それぞれの戦略について、もっとたくさん述べることもできるだろう。しかし私たちの目的にとっては、これらを、哲学の根源としての対象を解体する（undermine）戦略と呼べばそれで十分である。以上の戦略はいずれも、対象は究極的な実在の名を担うには個別的すぎると主張し、諸事物の発生源として、より深層にある未規定な基礎を考え出す。こうした立場からすると、世界の基礎的な要素のうちに犬を認めるのは、浅はかである。というのも、〔彼らにとって〕犬とは、有機物の集合やアペイロンの断片、（ソリッドな犬という事物の停止状態ではなく）「追いかける（dogging）」という運動、あるいは、進化の過程における気候や天敵との長い闘いの結果にすぎないはずだからである。こうした戦略はいずれも、犬やロウソク、軍隊といった対象は、いくつかの基礎的な物理的要素ないし歴史的要素を一定の仕方で組み合わせることによって生じる副産物であると想定する。対象は他のところからその実在性を得ているにすぎないと主張する点において、こうした戦略はみな、還元主義の一形態であり、ニヒリズムの精神の下、対象をブルドーザーで破壊しより根本的な何かのための道を作る、そうした批判の一形態である。彼らにとって、対象とは、あまりに浅すぎて宇宙における根本的な実在ではありえないものなのだ。

B 埋却

対象を哲学の主要な登場人物として扱わないもう一つの方法は、それを下にでなく上へと還元してしまうことだ。対象は、浅すぎるために実在的ではありえないと言う代わりに深すぎると言われることがある。こうした見方によれば、対象とは無益な仮説であって、悪い意味で、曰く言い難いものである。対象は、下から解体されるのではなく、上から埋却される。この見方によれば、対象が重要なのは、それが心に現れるか、他の対象にも影響を与える何らかの具体的な出来事の一部である限りにおいてのことなのだ。

経験の対象とされるものは性質の束にすぎない、というよく知られた経験論的な見方について考えてみよう。〔この見方によれば〕「リンゴ」という言葉は、習慣的に結びつけられた一連の離散的な性質——赤さ、甘さ、冷たさ、硬さ、固さ、美味しさ等——に対する集合的なニックネームにすぎない。存在するのは、個々の印象、究極的には、経験の微小なピクセルなのであって、そうした点状のものを習慣的に結合することで、私たちはより大きな単位を編み上げているというわけである。こうした経験論的モデルは、反経験論者でさえ採用している場合が多いほど、非常に厳格なものであるとみなされている。しかし、これは全くの作り話である。私たちが経験において出会うのは様々な統一的対象であって、性質の離散的な点ではないからである。実際のところ、本当の関係は逆である。事物が有する個々の性質には、あらかじめその事物全体のスタイルないし感じが染み込んでいるからだ。私が持っているリンゴと全く同じ色相の赤色を、近くにあるシャツやスプレー缶に見つけることができたとえできたとしても、それらの色は、それぞれの場合において異なる感じをもつことになるだろう。というのも、それぞれの色は、自らが帰属している事物と結合しているからである。フッサールはこの点を『論理学研究』(6)で鮮やかに示して見せたが、その洞察は十分に広まらず、その帰結も完全には引き出されてこなかったのである。

経験論が人間的経験の内に対象が存在することを否定するのだとしたら、経験の外にある対象についてはどう考えるべきだろうか。これはこれまでとわずかに異なった問題である。最近の哲学者の中にも実在論的な気質をもつ者はいるものの、カント以来、前衛的な思想家の多くは、際立って反実在論的な傾向を示してきた。実在論者にとって、心の外にある対象の存在は、人間の経験そのものと同程度に実在的である。こうした態度に対し、反実在論者は、次の二つの仕方で反論することができる。一方で、外界の存在が完全に否定されることがある。「存在するとは知覚されることである」という公準で有名なバークリの観念論の場合がそうだ。他方で、世界〔の存在〕が不可知論的な慎重さを伴った語り口で、懐疑的に扱われることがある。カンタン・メイヤスーが「相関主義[7]」という素晴らしい名前を与えたこの立場によれば、私たちが人間なしの世界や世界なしの人間を思考することは不可能であり、人間と世界の間の第一義的な相関ないし連関だけが唯一思考可能なものであるという。この相関主義的観点は、ここ数世紀の間、先進的な全ての哲学にとって、避けがたい地平であるように思われてきた。しかし私は、第四章の終わりで、この立場が誤っていると考えられる理由を述べるつもりである。

さらに、相関主義的立場には、「関係主義」と呼ぶことができる興味深い変種が存在する。この本質的に反カント的な理論は、あらゆる実在が人間と世界の関係に基礎付けられることを否定しながらもなお、どんなものも他の事物に対して何らかの影響をもたない限り実在的ではないと主張する。こうした立場は、ホワイトヘッドやラトゥール、アメリカのプラグマティストの一部の哲学のうちに見出すことができる。この立場は、窓を打ち付ける雨の人間による知覚は、雨それ自体と窓それ自体の間の関係と本質的には異ならないと主張する。相関主義的な思考とは全く反対に、あらゆる関係は根本的に同種である、というわけである。にもかかわらず、両者は、どんな事物も他の事物

(6) Edmund Husserl, *Logical Investigations* [2 Vols.]. Translated by J. N. Findlay. (London: Routledge & Kegan Paul, 1970.)〔『論理学研究』(全四巻)、立松弘孝訳、みすず書房、一九六八―一九七六年〕
(7) Quentin Meillassoux, *After Finitude*. Translated by R. Brassier. (London: Continuum, 2008.)〔『有限性の後で』、千葉雅也・大橋完太郎・星野太訳、人文書院、二〇一六年〕

との関係の内でしか存在しないという考えを共有している。〔どちらの場合も〕対象は、自らに固有の実在性を隠しもつことなく、他の対象への現前によって汲み尽くされてしまうのである。

こうした立場はどれも、対象を直接的な現出によって容易に代替可能で無益な基体として扱う点において、対象を埋却している。私たちは対象について語っているのだと主張したところで、〔彼らにとって〕対象とは、触れられる性質や他の事物への影響、あるいは心の中のイメージにすぎないのである。だが、このように世界を関係へと還元してしまうことにはいくつかの問題がある。まずもって、世界の全体が現在の所与によって汲み尽くされるのだとしたら、何かが変化する理由がない。言い換えれば、あるがままの私（I who is what he is）と、今この瞬間に偶然インド製の黄色いシャツを着ている私の間に違いがないとしたら、私の状況には〔そもそも〕変化する理由がない。こうして、この立場は、未来に対する不義をなしてしまう。さらに、この立場には、異なる様々な関係を結びつけ、それらを同一の事物への関係とするための手段がないという問題がある。ある家が、三人の女性と一匹の犬、そして一羽のカラスと同時に出会うとき、それらがもつ知覚はそれぞれ非常に異なった性格を有しているだろう。このとき対象の本性について純粋に関係的な定義を採るとしたら、そうした知覚を「同一の」家への関係と呼ぶことはできなくなってしまうように思われる。家そのものが、家の知覚の群れへと解消されてしまうからだ。このような惨事は何も家だけに起こることではない。満員の講堂のステージに立って数百人の観衆に見られるとき、私もまた、相互の接続を欠いた多種多様な私の知覚へと解消されてしまうだろうから。家の知覚が全て、外的な「家族的類似」によって結びつけられるという主張は、それだけですでに怪しいものである。しかし同じ操作は、観衆が有する私のイメージが問題となる場合、明らかに不可能である。というのも、私は今ここにいる実在的な何かであって、〔私の〕外から編み上げられる知覚のタペストリーではないのだから。

C　解体すると同時に埋却する

個別的な対象こそが形而上学の主題であるという考えに抵抗するには、対象を下から解体するか上から埋却するかのいずれかしか選択肢はない。対象は、〔前者の場合〕どこか深いところにある何らかの原初的な要素に還元され、〔後者の場合〕直接与件に置き換え可能な謎めいた付け加えとして誤った姿で描かれてしまう。すでに述べたとおり、一元論や前個体的なもの、原初的な流れや差異――これらはどれも解体の一形態である――は対象に取って代わることができない。またこれもすでに指摘したとおり、観念論や相関主義、関係主義、そして経験論者の「性質の束」といった埋却的な考え方も同様に、対象を〔別のものに〕置き換えることはできないのである。とはいえ、第三の選択肢として、唯物論についても手短に触れておくべきだろう。唯物論が特別な論敵であるのは、それが対象をたんに解体、あるいは埋却するからではなく、これら二つの操作を同時に実行する立場だからである。この点において、唯物論は、あらゆる対象《オブジェクト》指向哲学の宿敵なのである。

古代ギリシャで生じた最初期の唯物論について考えてみよう。タレスやアナクシメネス、エンペドクレスにおいて、特権的な物理的要素はどれもみな、机や道具や馬といった馴染みのある対象よりも深い層を示していた。彼ら最初期のギリシア人〔哲学者〕にとって対象は、根源的なものでなく、それらを生じさせる何らかの物理的要素に還元されるものだったのである。こうした考えは、一見すると、より深層のレベルへと移行することによって対象を解体する方針の典型であるように思われる。しかし物理的要素へのそうした還元がいったん完了したとき、実際に何が得られるのかを考えなければならない。というのも、水や火などの前ソクラテス的な概念は、隠された謎を全くもたず、余すところなく記述・測定される個別的で明白な属性を有するものだからである。同じことは原子のようなより進んだ科学的概念にも当てはまる。というのも、原子は、時空間において明確に位置を占める固く変形しない粒子にすぎないものとみなすことができるからだ。量子力学の場合のようにそれがぼやけた状態になったとしても、科学は原子をその性質——特定の瞬間に特定の位置にある統計的確率——によって語っている。原子という微小な物理的小片は、その性質を統一する一つの基体だと思われるかもしれない。しかしまさにその基体が、硬さや抵抗などの触知可能な性質の集合にすぎないものとみなされているのである。言い換えれば、原子を一つの対象とみなす必要は全くないのであって、経験論者であればそれを、リンゴと同じように、習慣的に束ねられた特性の集合と呼ぶだろうということである。

このようにして、唯物論は対象を解体すると同時に埋却し、実際には性質の集合にすぎない究極的要素〔の集まり〕として扱うことになる。この点において、唯物論は、対象を第一義的なカテゴリーとして認めないあらゆる哲学の基本的な身振りを反復しているにすぎない。というのも、実際のところ、解体するどんな哲学も、埋却的構成要素によって補われる必要があり、その逆もまた同様だからである。全ては一つであって、感覚によって経験される事物の多様性は錯覚にすぎない、と主張する完全な一元論について考えてみよう。そうした経験的錯覚——私の周囲にある食べ物や車や動物たち——も、結局のところ実際に経験されるものである以上、哲学者はそれらに対しても何らかの説明を与えなければならない。それゆえに、一元論は、私たち人間の経験を、唯一の真に実在的なもの——存在そのもの——に対して付け加えられた、ある種の非実在的なものとして、渋々認めざるをえなくなってしまう。前個体的なものの哲学についても同じことが言える。顕在的な諸対象は深層にある何らかの潜在的領野から派生するものだと主張するとき、彼らは、私たちがそうした対象を経験していることを否定しようとしているわけではなく、そうした顕在的諸対象は二次的なものだと言っているにすぎない。解体する哲学は、人間的経験という表層を否定できるわけではなく、それに対し付け加えないし影のような存在という二次的な実在性を与えているにすぎない。彼らは、二つの層に対して説明を与えつつも、顕在的かつ個体的で、あらゆる知覚から自立した、自立的対象という中間層を完全にスキップしてしまっているのである。

　対象を埋却する場合も、同じことがしばしば逆向きに生じる。最も有名な例はもちろんカントである。彼は、経験に対して亡霊のような物自体を付け加えておきながら、それをその後のほとんどの議論から取り除いたのであった。バークリやホワイトヘッドでさえ、私たちの全ての知覚を相互に関係付けることができる特別な実体として神を想定せざるをえなかったのである。彼らと解体する人々との間には、たしかに、わずかながら非対称性がみられる。というのも、ドイツ観念論がそうであるように、埋却する哲学者には、知覚の背後に隠れた層があるという考えを本当に捨て去っている人々が存在するからである。対照的に、感覚経験に錯覚的存在さえ認めることなく、「一者」を肯定する「ドイツ一元論」とでも呼ばれうるような転倒した運動は、はるかに想像し難いものである。結局のところ、そうした経験はつねに、私たちの前に、まさしく私たちが生きる環境として存在しているからだ。しかし、対象を埋却する人々の多くは——みなではないにせよ——直接的なアクセスを超えたところにある形をもたない原初的な層を宇宙に認める必要を、実際に感じている。ここで私たちが手にしているのは、解体する人々の間に見出されるのと逆のパターンにすぎない。自立的対象は、ここでもまた、一方の層から他方の層に飛び移ることによって、哲学の主題から排除されてしまっているのである。

　正確に言えば、唯物論には二つの問題がある。第一に、唯物論は、より大きな創発的実体の可能性を低く見積っている。たとえ欧州連合の全ての国がクオークと電子でできているとしても、私たちは連合を変化させることなく、それらの粒子の位置をある程度移動させることができる。連合それ自体を変化させずに、粒子の数や配置を変える方法は無数に存在するからだ。「余剰因果」——多数の異なる原因が同一の対象を生じさせることができる——としてしばしば知られるこの原理が示唆しているのは、対象がその原初的な要素以上の何かであるということなのである。第二に、実在的対象は、下向きに還元不可能であるのと同様、上向きにも、つまり触知可能な性質にも還元されえない。その理由は、フッサールとハイデガーについての後続の議論が明らかにしてくれるだろう。物理的粒子は、対象を解体すると同時に埋却するが、その武器そのものの犠牲となってしまう。というのも、対象は、どんな物質的要素よりも深く、かつ浅いものだからである。

D 対象

哲学史の大半は、以上で非難してきた二つの戦略へと分けられる。しかし本書の、対象こそが哲学のヒーローであるべきだという主張は、孤独で突飛な専断ではない。対象指向哲学を標榜することは、哲学史においてすでに存在している傾向を——ただし新たな強度で——追求することにすぎないのである。ソクラテス以前の哲学者は、魔術的な魅力をもちながらも、対象を、統一的な全体ないし一つ以上の基礎的な物理的要素へと還元してしまっていた。この点で、創生期のギリシャの哲学者たちは、対象指向哲学の先駆的な論敵でもあったのである。私は、ソクラテス以前の思想は存在の謎を守っていたが、プラトンとアリストテレスによって〔存在〕忘却という長きにわたる退廃が開始されてしまった、というハイデガーの主張に抗して、プラトンとアリストテレスこそが初めて哲学の正しい道を切り開いたのだと主張したい。

プラトンの対話篇には、絶えず事物の定義を追い求めるソクラテスの姿を見ることができる。しばしば忘れられているのは、ソクラテスは事物の定義に決して到達しないという事実である。そうした失敗は、知そのものというよりも知への愛を意味する哲学《フィロソフィー》という言葉のうちに埋め込まれている。このことは、対話篇の中でも私が好むいくつかのパッセージによく表れている。徳が何であるかを知る前に徳は教えることができるのかと問うべきではない、というメノンに対するソクラテスの忠告を考えてみよう。弁論術とは何であるかを知らなければ、それが「良いもの」であるかどうかを問うことはできない、という『ゴルギアス』に出てくる似たような発言を思い出しても良い。ソクラテスがそのように述べたのは、たんに対話相手の忍耐のなさを責めるためではない。彼らが徳や弁論術の正確な定義を得て先へと進む前にあと五、六頁待たなければならない、などという話ではないのだ。この忠告のポイントは、実際にはもっと深いところにある。神々と異なり死ぬ運命にある私たち人間は、〔そもそも〕徳や弁論術が何であるのかを知ることはできないのである。これは、たんなる認識の限界の問題でもない。世界の原初的要素を純粋な状態で描く前ソクラテス的な試みを否定することによって、ソクラテスは事物が本質的にその特性よりも深いのだと主張し、対象と性質の間にある厄介な亀裂を指し示したのである。プラトン主義はしばしば、生の軽視と世俗のキリスト教信仰の勝利に通じる二世界論として非難される。しかし、対象は二つに分割されているという認識は、根本的な哲学的前進なのだ。

　だがプラトンにとって、知ることができない徳とその可視的な多くの特徴との間にあるこの亀裂は、対象それ自体の内にではなく、対象とそれを超えたところにある世界との間に存在するものであった。個体的対象は、アリストテレスによって初めて本当に、哲学の中心的なプレイヤーとなったのである。アリストテレスにとって、重要な裂け目があるのは、もはや完全な形相と（質料における）その不完全な現れの間ではない。その代わりに彼は、まさに対象そのものの内に――すなわち、個別的な猫とそれがつかの間有している様々な偶然的特徴との間、あるいはその猫とそれが有している様々な本質的な性質の間にさえ――闘争を見て取っていたのである。アリストテレスの影響が大きかった時代のどの哲学をとっても、個別的存在者は威厳と名声を手にしていた。アリストテレスの栄光の後に続いたことで知られるスコラ哲学の場合も、また彼の重要な継承者であるライプニッツの場合もそうである（もっとも、ライプニッツのアリストテレス主義は、ドゥルーズによって荒々しく歴史から抹消されてしまうのであるが）[8]。各モナドは個体的事物であるが、統一的事物である限りにおいて、それがもたねばならない多数の性質と異なっている。ライプニッツはたしかにモナドを、他の事物の知覚によって定義していた。しかしより重要なのは、そうした知覚も、他のモナドと真の接触をもたないこと、つまりどのモナドにも窓はないということなのだ。あるモナドと、その他のモナドとの関係を、宇宙の始まりから保障しているのは神なのである。

アリストテレスやライプニッツ、そして彼らの支持者たちの理論は、どれも実体の理論と呼ぶこ

（8） Gilles Deleuze. *The Fold.* Translated by T. Conley. (Minneapolis: Univ. of Minnesota Press, 1993.)〔『襞――ライプニッツとバロック』、宇野邦一訳、河出書房新社、一九九八年。〕例えば、六一頁〔邦訳では九三頁〕にある次の記述のこと。「ストア派とライプニッツは、アリストテレスの、またデカルトの本質主義に対抗するマニエリスム〔方式主義〕を発明したのだ」。

とができる。本書で提示される対象指向存在論は、これと同じ系統の理論の最新版である。だがここで提示される理論は、彼らの理論よりもずっと奇怪なものだ。というのも、この理論は実体に伝統的に帰属させられてきた多くの特徴を拒否するからである。とりわけ、これまで実体は自然なものでなければならないと言われる傾向があった。木は実体でありうるが、プラスチックのコップはそうでなく、イルカや石は実体であるが、風車や手を握り合った人々から成る輪はそうではないというように。ライプニッツには、単純なものを実体と同一視するさらに嘆かわしい傾向があった。このことによって彼は、一つに接着されたダイアモンドのペアやオランダ東インド会社をモナドと認めることができなくなったのである。実体と寄せ集めについてのライプニッツの区別は、二世界論を示唆するものであり、そこでは究極的なモナドの最終的な層が、実在でなく「概念上の存在(things of reason)」にすぎない複雑な集積という派生的な層と対立している。さらにモナドには、まさしくアリストテレスからの後退を示すもう一つの残念な特徴がある。それは、実体が破壊不可能でなければならない、というライプニッツの見解である。第一実体という概念によって、アリストテレスは、古代ギリシャの哲学者の中で初めて、様々な究極的実在の破壊可能性を主張した。彼にとって(例えば)馬を消滅させることは難しくなかったのである。だがライプニッツにとってそれは不可能なことだろう。というのも、馬のモナドは人間のモナドと同様、破壊不可能なものなのだから。伝統的な実体のもう一つの特徴は、それが実在的でなければならないということだ。神話に登場する生き物は、頭の中で踊ることはできても実体ではありえないというわけである。

だが実体のこうした伝統的特徴は、全て捨て去らねばならない。対象は自然であったり、単純であったり、破壊不可能であったりする必要はない。反対に、〔本書において〕対象はただそれらの自立的な実在性だけによって定義されることになる。対象は、二つの意味で、自立的でなければならない。すなわち、対象は、その構成要素以上の何かとして創発する一方で、他の存在者との関係から部分的に自らを抑制しているのである。実在をより基礎的な根源――アペイロンや心の中のイメージ、性質の束、あるいは実践的な効果――へと還元する徹底的な試みの代わりに、対象は、結局のところ、還元不可能な二つの区分へと分極されていることが明らかになる。本書は、対象が偶有性や性質、関係、瞬間を有するという古典的な主張を支持しはするが、対象がこれらの要素をもちかつもたないというパラドックスを強調するものでもある。

第二章　感覚的対象

二〇世紀の哲学の偉大な諸学派の中にあって、現象学とは、フッサールが創始し、ハイデガーが発展させた学派である。この運動の核心には、注目すべきパラドックスがある。というのは、現象学は「事物そのものへ（to the things themselves）」の回帰を標榜していたのにもかかわらず、フッサールとハイデガーはいずれも観念論者として非難されてきたからである。たしかに、この二人の思想家は、全てを人間にとってのアクセス可能性の問題としてしまったように思われる。人間を超えたところにある外的世界は、彼らの思想において大した役割を担っていないからだ。しかし、現象学には、バークリにも、あるいはヘーゲルにさえ見出すことができないような、ある種の実在論的な趣があることは否定できない。フッサールの著作には、黒歌鳥やケンタウロス、郵便箱についての記述を見出すことができる。ハイデガーになると、ハンマーやジョッキなどの対象や、パーティーや駅のホームなどでの日々の光景に対して、ずっと多くの注目が与えられている。このことが示しているのは、対象と実在論というテーマは完全に重なるものではないということだ。というのも、フッサールとハイデガーはいずれも、完全な実在論を欠きながらも、ひそかに対象にコミットしていたからである。

フッサールはしばしば、新たな観念論者として片付けられてしまうことがあるが、実際には、哲学における動物学的な異型、対象指向の観念論者である。フッサールは志向性の領野に留まりながらも、その領野の内に、ある魅力的な亀裂を見出していた。それは、対象とその性質の間にある裂け目である。私たちが出会う木々や鳥たちは、個別的性質の束の、心への詳細な現前ではない。志向的対象には、一つの統一された本質の核があり、その周囲を表層的な偶有性が回っているのである。ハイデガーの場合、状況が異なる。彼は、志向的領域を超えたところにある実在的世界に対して本当に関心を寄せていたからだ。道具分析に見られるのは、人間の直接的なアクセスから退隠（withdraw）している実在的なハンマーやドリルなのである。フッサールがその偶有性と本質的性質とに分極された志向的対象を明示的に示しているのに対し、ハイデガーは、同じ分極を、実在的対象について、暗黙裡に示している。本章と次章では、二人の哲学者のそれぞれについて、「両極性」ということで私が何を意味しているのかを説明したい。

A　内在的対象性

事物そのものへの回帰を標榜しているにもかかわらず、現象学が事物を考察するのは、逆説的なことに、それが現れる限りにおいてである。こうした身振りには、一見、何の独創性もないように思われるかもしれない。どんな形態の観念論も、現れを強調するために、同様のことをしているからだ。しかし、これから見るとおり、フッサールはこの問題に対しある魅力的な捻りを加えている。周知のとおり、現象学は、外界の考察を先送りにし、事物についての自然的ないし因果的な理論の受け入れを拒否する。夜中にサイレンが聞こえるとき、私が聞いているのは、サイレンであって、空間中を伝播し私の鼓膜の振動を引き起こす音波ではない。音の伝播の過程が理論的な水準に留まっているのに対し、現象学は、直接アクセス可能なものだけに私たちを限定する。『イデーンⅠ』[9]においてフッサールは、意識が原理的に観察できない対象の全可能性を排除し、観念論へと完全に傾倒するに至ったのであった。だがこうした観念論的な限定の内でさえ、初めから、対象への予期せぬ注意を見出すことができる。フッサールの聡明でカリスマ的な指導者であったフランツ・ブレンターノは、中世の志向性の教説を刷新した。ブレンターノにとって、心的なものを物理的なものから区別するのは、心的な作用がつねに何らかの対象に向けられているという事実である。私が判断するときには判断される何かがあり、私が愛するときには、愛される何かないし誰かが存在する。

（9） Edmund Husserl, *Ideas Pertaining to a Pure Phenomenology and to a Phenomenological Philosophy* (*Book 1*). Translated by F. Kersten. (Dordrecht: Springer, 1983.)〔『イデーンⅠ』（二分冊）、渡辺二郎訳、みすず書房、一九七九年／一九八四年〕

そうした何かへと私が自らの注意を向けているとき、私はそれを「志向（intend）」しているのである。だが、私が志向するものは意識の外でなく内にある。私の経験の内にしか存在しないものであるために、ブレンターノはこれを「志向的内在」ないし「内在的対象性」と呼んだ。フッサールはこの内在的対象性を、ブレンターノ自身の理解を超えたところまで押し進めることになる。

独立的な自然界を哲学の外に追いやってしまったことで、フッサールが払った代償は非常に大きいものだ。自然界を括弧に入れることは、容赦ない観念論者の振る舞いだからである。フッサールの信奉者が、意識は決して孤立した実体ではなく、観察や判断、憎しみや愛といったその志向的作用を通じて、みずからをつねにすでにその外部へと向けているのだと主張したところで無駄である。現象学において、そうした対象は意識からの自立性をもたないからだ。対象の存在は、私が注意を他のものに移したり、眠り込んでしまったり、死んでしまったりするだけで脅かされてしまう。全宇宙の理性的存在者が消滅してしまう場合にはなおのことである。フッサール主義者であれば、こうした考え方に対し、それらの対象の本質は、思考をもつ生物が全て死に絶えたとしても存続する、と応答するかもしれない。だがこの応答でさえ、的を射たものではないだろう。というのも、そうした場合でも事物は、現実的ないし可能的観察の対象でなければ、自立的実在性をもたないだろうから。〔フッサールにとって〕事物は、隠れた生命力や固有の因果的な力をもってはおらず、それが今あるいは将来意識に現れる可能性がある限りにおいてのみ「実在的」なのである。だが、対象がそうした現れから離れて実在性を認められない限り、人間は孤立した心ではなくつねにすでに事物と関わっているのだとか、人間は世界の能動的な構成者でなく出来事への受動的な参加者なのだ、などと言ったところで無益である。こうした意味において、フッサールの志向的な領域は全く実在的でなく、観察者から自立してもいないのである。

フッサールについてのこうした問題は広く知られたものである。こうした対価を払ったことによって彼は見事に、知覚を――その物理的ないし神経的な基盤の犠牲とすることなく――真の実在として扱うことができたのである。とはいえ、それは何らかの存在を内在的領野に認めるどんな哲学の場合も同じことである。フッサールがユニークなのは、彼がそこで予期せぬドラマを発見したからだ。ブレンターノが心の内在的な生にしか焦点を合わせなかったのに対し、彼の弟子のうちの何人かは、その内在を、外界への指示によって補おうと試みた。このことを最も明確に見ることができるのは、ポーランド人の弟子、カジミェシュ・トヴァルドフスキの著作『表象の内容と対象について』[10]である。この輝かしい小著は、若きフッサールに、賞賛と蔑視のないまぜになった明確な対抗心を抱かせた。トヴァルドフスキは、心の外にある対象と、心の中にある内容の二つを区別する。フッサールがこの主張を拒否したことには、これまで多くの関心が寄せられてきた。周知のとおり彼は、意識の中で志向されたベルリンと世界に存在するベルリンとは同じ一つのものだと主張する

（10） Kasimir Twardowski, *On the Content and Object of Presentations.* Translated by R. Grossmann.（The Hague: Martinus Nijhoff, 1977.）

ことによって[11]、徐々に観念論へと傾倒していったのである。フッサールの思想の進展の核心にありながらも比較的注目されないのは、彼が対象と内容の間のトヴァルドフスキの区別をたんに拒否したのではないという事実である。実際のところ、フッサールは、この区別を内在的な領域それ自体の核心部へと持ち込んだのである。

ブレンターノは、対象についてはあまり多くのことを語らなかったが、その代わりに、意識のあらゆる作用が現前に根ざしているという事実を強調した。どんなものも、それが判断されたり、憎まれたり、愛されたりすることが可能である前に、心に対して現前していなければならない。トヴァルドフスキが現前を超えたところに実在的対象を導入することによってこのモデルを強化したのに対し、フッサールはそうした二重化を拒否することで、ブレンターノと同じ路線をとることになったように思われるかもしれない。だが実際にはそうではない。というのも、『論理学研究』においてフッサールは、明確にブレンターノのモデルを修正し、意識は現前でなく、対象を与える作用から成るものだと述べているからである。そしてこれは、些細な違いではない。というのも、現前においては、どんな場合であれ、あらゆる性質のディテールが対等な資格をもつことになるからだ。〔そこでは〕どの性質も等しく現前の部分なのである。例えば、木の高さはそこに生えているそれぞれの葉の正確な位置と全く同じ資格で現前の一部を成していることになる。〔ブレンターノの場合〕意識が、このように「内容の束」から構成されている以上、私たちはイギリス経験論の範疇に留まることになる。対照的に、フッサールの場合、意識の中にあるものが全て同等なわけではない。意識の内在的な領野に議論を限定しているとはいえ、フッサールは、トヴァルドフスキによる対象と内容の区別をその領域の内部で用いるために取り込んでいるのである。フッサールは、砂漠に籠る僧侶のように現象的世界へと引きこもることで、それ以前には予想もしていなかった世界の断層を見出すに至ったのである。

B　射影

はっきりさせておこう。フッサールにとって現象的世界は、ブレンターノやトヴァルドフスキがともに主張したように、個別的内容だけで出来ているのではない。フッサールの現象的な領野は、むしろ、対象と対象がそれを通じて現れる内容との闘争によって引き裂かれているのである。現象学的分析において何が起こるかを思い出そう。ひょっとしたらフッサールが、夕暮れ時に、希死念慮を抱きながら、百メートルの距離を保って給水塔の周りを歩いたことがあったかもしれない。塔を観察しつつ悲しい気持ちで道なりに歩いていくとき、その塔は絶えず様々に異なるプロフィールを見せる。彼は各瞬間に新しいディテールを経験するだろうが、そのとき塔はその都度新しい塔へと変化するわけではない。塔は、むしろ、多種多様な知覚を通じて現前しながらも同一であり続け

(11) Edmund Husserl, "Intentional Objects." In Husserl, *Early Writings in the Philosophy of Logicand Mathematics*. Translated by D. Willard. (Dordrecht: Kluwer, 1993.)

る一つの統一された「志向的対象」なのである。塔はつねにある特定のプロフィールを通じて出会われる。このことを、フッサールは射影（*Abschattung*）と呼んだ。だがこの射影は、それが現れさせる志向的対象と同じものではない。塔を回る道の半径を三百メートルに増やし、明け方に幸福感に包まれながらそこを歩いたとしても、塔はフッサールにとって、前日の夕方と同一の塔であるように思われただろう。対象とは、その内容が何度も絶え間なく変化するにもかかわらず、つねに同一であり続けるものなのだ。だが、対象という極が意識の全く外部にある碇の役割を果たしているトヴァルドフスキのモデルとは異なって、フッサールにとって、対象と内容はどちらもともに内在的である。たしかにフッサールは、対象や内容の内在性を否定することもある。しかしそれはもっぱら、現象を「内在的」なものとするような「超越的」な世界という考え方が否定される文脈においてのことである。

強調すべきは、志向的対象は射影の束ではない、という点である。私たちが一本の木や一つの郵便箱を把握するのは、それをあらゆる可能な側面から見ることによってではない。それは物理的にも、心理的にも、そしておそらくは論理的にも不可能なことだ。対象は、私たちへのその可能な現れを足し合わせることによって得られるものでなく、それらの射影を差し引くことによって得られるものである。地平線上にいるあの犬は今ちょうどそうしているように後ろ脚を上げている必要はなく、吠えるのを止め、尻尾を振って好意を示したとしても同じ犬でなくなるわけではない。志向的対象というのはつねに必要以上に具体的な仕方で、つまり、様々な偶有的な特徴で覆われた状態で現れるものなのであって、そうした特徴は、私たちにとっての対象そのものの同一性を変化させることなく除去することが可能なのである。ここにはすでに、経験論からのフッサールの脱却を見てとることができる。リンゴは、ある瞬間におけるその赤さや、すべすべとした肌触り、冷たさ、硬さ、そして甘さといった特徴の総和ではないだけでなく、それが知覚されうる観点や距離の総和でもないのである。これと対照的に、メルロ゠ポンティは、家の存在とは「あらゆる場所から見られた家」[12]だという見解に戻ってしまっている。ハイデガーさえ、志向的対象とその性質の間の差異をほとんど意識していないのである。

統一的対象とその無数の性質の間にはこうした差異が存在する。しかしだからといって、フッサールの志向的対象は何らかの仕方で私たちから隠蔽されている（*concealed*）のだと誤解してはならない。次章以降で詳述するとおり、彼の偉大な継承者であるハイデガーは、事物の覆い隠し（veiling）について多くのことを述べている。しかし、フッサールには、対照的なことに、隠蔽など全く存在しない。フッサールの主張のポイントは、私たちは木や犬、黒歌鳥、郵便箱の射影だけに出会うのであって、統一的対象それ自体は、私たちから隠されたままなのだ、ということではない。それではハイデガー、さらにはトヴァルドフスキに近くなってしまうだろう。むしろ、フッサール

（12） Maurice Merleau-Ponty, *Phenomenology of Perception*. Translated by C. Smith. （London: Routledge, 2002.）〔『知覚の現象学』（上下）竹内芳郎・小木貞孝訳、みすず書房、一九六九年／一九七四年〕

によれば、私たちは経験において初めから志向的対象に直接出会っており、それに集中するのにエネルギーを費やしているのである。私が離れたところにある郵便箱を丘の上から仄暗い光の下で見る場面を考えてみよう。フッサールの枠組みにおいて、その郵便箱は私から、ハイデガー的な意味で「隠れて」いるのではない。郵便箱はむしろ、たんに宝石やラメ、紙吹雪のような表面的ディテールで覆われているにすぎない。郵便箱は、知覚される離散的な形や色の束によって構成されているのでもなければ、習慣によって一緒に織り上げられる感覚経験の微小なピクセルで出来ているのでもない。様々な形や色は、むしろ最初から、統一された郵便箱に帰属しているのである。感覚的領野における、統一的対象と、絶えず変化するその多様な特徴との間にフッサールが見出した革新的な区別を看過してしまうなら、彼によってもたらされた哲学の進展は十分に理解されたことにならない。それらの特徴が対象に従属しているのは、衛星が地球の重力に従属しているのと同程度のことにすぎない。ブレンターノの場合と異なり、フッサールにとっての意識は、明確な現前ではなく、対象を与える作用で出来ているのである。それゆえ、この論点においてフッサールとハイデガーを比較する試みは、どんなものであれ誤っている。フッサールにおいて、対象は人間のアクセスから退隠しているのではなく、あまりに多くの取るに足らない装飾と表面的な効果とで飾られているにすぎないからだ。

本書で提示される形而上学は、対象とその性質との間にあるいくつかの重要な緊張（tension）を大きく強調するものである。これからその緊張は四つ存在することを明らかにしていくが、私たちはここですでにその最初のものに出会ったことになる。現象的な領野は、外界へのアクセスから切り離された観念論者の牢獄ではない。むしろそれは、志向的対象と絶えず変化するその性質との間にある緊張を示しているのである。しかし私は、「志向的」という用語の無菌的な不毛さを避けるため、同義的な表現として感覚的対象（*sensual* object）という用語を用いることにしたい。「志向的対象」という表現を避けるのは、この語が有する不毛さだけからではなく、この有名な用語にはあまりに多くの混乱が伴っているからでもある。ブレンターノとフッサールがいずれもこの用語を全く内在的な意味で用いていたのだとしても、分析哲学者は、大抵の場合、志向的対象を人間の意識の外部にある対象のことだと思っている。それゆえ、志向的対象よりも、「感覚的対象」という表現の方が、実在的対象のみが属する人間のアクセスを超えた実在的世界が問題となっているのではないことを示すのに有効なのである。どんな現象的経験においても、感覚的対象とその感覚的諸性質の間には緊張がある。海は、波が絶えず寄せたり引いたりしているにもかかわらずつねに同じ海であり続けている。カリブ海のオウムは、どのようにその羽根をばたつかせていようと、どんなスペイン語の呪いの言葉や脅し文句を吐いていようと、その同一性を保ち続ける。現象的世界とは、荒々しい実在から守られた観念論者の聖域にすぎないものではなく、志向的対象がそれ自身の性質とゆっくり軋み合う活発な地震帯なのである。

C　形相的特徴

だがフッサールの感覚的対象は、〔実際には〕、一つだけでなく、二つの緊張ないし分極にかかわっていることが明らかになる。私たちはすでに、現象的領野の内部で、感覚的対象とその表面を宝石や塵のごとく覆い取り巻く様々な偶有性との間にある第一の亀裂を見出した。しかしこれは、感覚的対象が関わっている唯一の分極ではありえない。というのも、対象からそれを取り巻く偶有性を剝ぎ取ったとき、そこに残されるのは、たんなる空虚な統一的極ではないからである。感覚的な犬や松の木、灯台はみな異なる対象であるが、それはたんにそれらを取り巻く偶有性が異なっているからではない。形相的変更というフッサールの手法を用いることでそうした表面のノイズを剝ぎ取ることで得られるのは、どの感覚的対象の場合も同一の、特徴のない統一――分析哲学でいうところの「裸の個体（bare particular）」――ではない。むしろそのとき私たちが近づいているのは、フッサールが対象の形相（*eidos*）と呼んだものである。この第二の緊張は、第一の緊張よりもいくぶん奇妙なものだ。〔たしかに、〕対象とその様々な偶有性との間にある緊張と、対象とその様々な形相的特徴との間にある緊張は、ある意味では類似している。いずれの場合も、対象は性質の束から構成されているわけではないからである。表面的なプロフィールの積み重ねによって郵便箱を構成できないのと同じように、本質的な性質の積み重ねによってもまた、郵便箱は構成できない。対象は一であり、その性質は――偶有的なものであろうと形相的なものであろうと――多である以上、いずれの場合も、対象とその多様な特性の間には差異が存在するからである。しかし、他のいくつかの点において、これら二つの緊張は著しく異なっている。第一に、対象は、その偶有性を必要とはしていない。偶有性は対象の性格に影響を与えることなく、ほとんど自由に変更可能だからである。だが同じことは、対象の本質的特徴には、明らかに当てはまらない。というのも、本質的特徴は対象がそれ自身であるために、どうしても必要なものであるのだから。第二に、偶有性は経験において私たちの前に直接存在しているが、形相的性質はそうではない。『論理学研究』の後の方で、フッサールは、対象の形相が感覚的に現れることはありえないと明確に述べている。それによれば、私たちは、カテゴリー的直観を通じてしか形相にアクセスできず、したがって、知性の働きだけが形相をもたらすという。しかし実際のところ、知性が、感覚にはできない仕方で実在を直接現前させることができると想定すべき理由は存在しない。私の手と私の知性のどちらが私に銅の電導性を警告するのであろうと、感覚と知識はいずれも世界において電気を伝えるものではない。言い換えれば、フッサールがそこで、感覚的なものと知的なものを区別したのは誤りだったということだ。というのも、感覚的直観とカテゴリー的直観はいずれにせよ一定の形態の直観なのであって、何かを直観することはその何かであることと同じではないからである。それゆえ、対象の形相的特徴というものは決して、知性を通じて現前させられるものではなく、芸術であろうと科学であろうと、ただ暗示（allusion）という間接的な手段によってのみ接近可能なものである。銅線や自転車やオオカミ、そして三角形は、いずれも実在的な性質を有しているが、そうした真の特性は、私たちの心にもたらされるそれらの弱々しいスケッチによっては、決して汲み尽くされることがない。陽子と火山は〔たしかに〕様々に異なる〔実在的〕属性をもっているはずである。しかしそれらは、私たちから退隠しているのと全く同様に、陽子そのものや火山そのものからも退隠しているのである。

ここで私たちが手にしているのは、一つの感覚的対象と様々な実在的性質という奇妙な組み合わせである。奇妙というのは、形相的性質は、感覚的対象が存在するために必要ではあるが、あらゆるアクセスから退隠してもいるからだ。「実在的」という語は、そのような性質に対してのみ充てることができるものなのである。さて、感覚的対象がその偶有的特徴をもちかつもたないと言うのは簡単だろう。〔例えば〕夕暮れ時の家のプロフィールは家に何らの仕方で付着してはいるが、それは、その家にとって必ずしも必要なものではないからである。しかし、同じことは——いくぶん驚くべきことに——対象の形相的特徴にも当てはまる。形相的特徴についてもまた、対象はそれをもちかつもたないと言うことができるのだ。というのも、対象はつねに、それに固有の仕方で緑であったり、硬かったり、すべすべしていたりするが、そうした特性から組み立てられているわけではないからである。偶有性と同様に、形相的性質にも最初から、それが帰属している対象の実在性ないしスタイルが染み込んでいるのである。

フッサールによる外界の保留には消極的な面だけでなく、積極的な面があることはもはや明らかであるはずだ。実在を現象的表面へと平板化し、さらに、無生物的存在者は現象に出会うことができないと想定した点において、彼の主張は拒否されねばならない。だが、フッサールの感覚的領野は、対象の形而上学にとって興味深い問題をすでに提起していたのである。フッサールにおいて、感覚的対象はもはや、人間の中に閉じ込められた二次元的な現れではない。黒歌鳥や郵便箱、木々やケンタウルスや数、そして願いに至るまで、どんなものも二つの同時的な分極の場と化しているのである。感覚的対象はその感覚的性質以下のものである。というのは、感覚的性質という不必要な付け加えは、それを支えている感覚的対象に影響を与えることなく引き剝がすことができるからだ。しかしまた感覚的対象は、その実在的性質以下のものでもある。というのも、感覚的対象はある特定の仕方でしか実在的性質を展開しないのだから。一方で、私たちは感覚的対象とその感覚的性質とを、経験において半端に溶接された状態で手にしている。だが他方で、この特定のオウムをそれ自身たらしめているものを分節するには、実在的な性質の分析が必要なのであって、この性質は裸の状態では決して現前することがなく、ただ知性によって暗示的ないし遠回しに示唆されることしかできないのである。

用語の取り決めをしよう。感覚的対象の表面には、性質による「装飾（encrustation）」があるということができる。どんな感覚的対象もつねに必要以上のディテールを伴って出会われているということだ。〔例えば、〕この街の輪郭《スカイライン》が、まさにこの輪郭として認識されるには、今現在と全く同じ仕方で光っている必要はない。だがある感覚的対象がそれ自身であるために所有しなければならない実在的性質について述べるとき、問題となっているのは装飾ではなく、「沈水（submergence）」とでも呼ぶことができるような事態である。感覚的対象の必然的性質は、その対象の表面下へ沈んでいるのだが、その様子は、ベネチアのガレー船の船殻のように、船体を覆う旗や紋章、デッキ上で捕虜の歌い手や鼓手によって奏でられる音楽に圧倒されている傍観者からは見ることができない。船殻は、沈んでいるものの、航行にとって不可欠なものであり続けている。同様に、感覚的対象の実在的性質は、目撃されるのではなく、ただ間接的に推測することしかできないのである。感覚的対象は、感覚的性質と実在的性質の双方を同時にもたなければ存在不可能である。感覚的対象は、何らかの仕方で現れなければ感覚的対象ではなく、その対象をそれ自身たらしめている特定の形相的特徴をもたなければ、まさにその感覚的対象ではありえない。とはいえ、一つ重要な点を明確にしておく必要があるだろう。フッサールは、或る色合いの緑は異なる様々な個別的対象において現実化されうるといったように、感覚的性質を一般的なものとして論じていた。同じことは、ホワイトヘッドの「永遠的客体（eternal object）」にも、本質というトピックを扱ったその他多くの思想家にも言うことができるだろう。これと対照的に、本書で描かれる性質は、それが属している対象によってつねに個別化されている。分析哲学の用語で言えば、本書における性質は「トロープ」なのだ。いずれにせよ、感覚的対象は、たんなる観念論的な幻影などではなく、宇宙における二つの決定的な分極の場なのである。

D　まとめ

一般に、実在論的な哲学者は、事物にはそれについての私たちの表象以上のものがあると主張することで満足している。意識は顕在的なイメージで満たされているかもしれないが、それらは第一義的なものではない。むしろそうしたイメージは、それ自体は現れることのない実在によって生成ないし産出させられるものなのだ、というわけである。現代の実在論者は、大抵の場合、科学的自然主義に与しており、自然界は自然界についての人間のイメージよりも優位であると主張する。そのようにして彼らは、意識的経験こそが哲学の出発点であるという考えを非難し、そうした経験を生じさせている、より深い自然的事物の内に哲学を基礎付けることで、経験を解体してしまうのである。だが注意しよう。こうした考えは、対象は経験におけるその現れ以上のものではないとして対象を埋却してしまう主流派の観念論の主張の解体的な裏返しにすぎない。典型的な実在論者と典型的な観念論とには、対象という中間的水準を完全にスキップしてしまうという共通の傾向がある。彼らは、自然的要素という基礎的な層が存在し、それによってあらゆる対象は説明されると言うか、あるいは、対象とは観察者に直接現れる特性の束以上のものではないと言うかのどちらかなのだ。フッサールが観念論者の中で特別なのは、現象的領野の内に対象を見出したからである。フッサールは、観念論者でありながら実在論者になったかのような気でいたので、彼の追従者たちは、フッサールがすでに取り組んでいた種類以外の実在などありえないと想定しているほどである。〔しかし〕実際のところ、フッサールは、最初の対象指向の観念論者である。フッサールは、対象を顕現させる個別的特性を超えたところを見るために必要な作業の苦労と魅力を知っているのだ。反対に、バークリやフィヒテのような思想家は、郵便箱とその絶え間なく変化する様々な特徴の間にある闘争に全く注意を払っていない。フィヒテが、一本の木の周りを様々な距離や視点から様々な気分で歩いてみるなどといったことを想像したことがあるとは考え難いだろう。しかしフッサールにとって、そうした作業は避けて通れないものであった。というのも感覚的対象は、現在観察可能な特徴からも、可能なプロフィールの総体からも組み立てることができないものだからである。

　繰り返しに聞こえようと、私たちがフッサールから学んだことをまとめるのは有用である。彼にとって、心の外にある自然界は、哲学の開始時点から排除されている。というのも、そうした想定は理論上のものにすぎないからだ。郵便箱が、様々な化学的属性をもつ金属板、原子、クオーク、電子、ひも等で出来ていると考えることから哲学を始めることはできない。同様に、郵便箱や人間を、超越的創造主と対比されるような被造物とみなすこともまた不可能である。私たちが最初から知っているのは、対象が意識に現前する現象だということだけなのだ。意識的な生において、私たちは、そうした対象を志向している。ブレンターノがすでに見抜いていたとおり、知覚とは何かについての知覚であり、同じことは、判断や願い、愛や憎しみにも当てはまる。しかしブレンターノが全ての志向的な生は現前の内に基礎づけられると主張したのに対し、フッサールは、意識とはそこであらゆるものが対等な資格を有する平地のようなものではないと指摘した。そこにあるのは現前でなく、対象を与える作用であって、そのために私たちは、変わることがない内的な核としての感覚的対象とその無数の現れとを区別するよう強いられる。意識的生における木々やケンタウルスは、端的に木々やケンタウルスなのであって、その様々な性質――これらを通じて私たちは木々やケンタウルスに出会うのであるが――と固く結びつけられているわけではないのである。

このような仕方で、フッサールは、感覚的領野の内部に対象と内容の間の緊張――現象を最初から二つに引き裂く大きな断層――を見出している。感覚的対象は、自らがそれを通じて現れるいかなる感覚的な偶有性とも異なっている。しかし感覚的対象は、自らがそれを通じて現れる特定の色や観点、気分、照明条件によってしか互いに異ならないような空虚な統一的極ではない。馬や犬、椅子は、たとえあらゆる偶有的特徴を取り去られたとしてもなお、互いに異なっているだろう。各対象は、偶然的特徴だけでなく形相的な特徴をも有しているのである。通常私たちは、犬の正確な特性について、その曖昧な感覚をもっているにすぎない。というのもその特性は、それを通じて犬が現れる無数の表層的な装飾の背後にあるものなのだから。理論的意識の役割は、そうした犬の様々な特徴を分節し、犬の形相を明らかにすることである。フッサールは事物の形相の適切な直観が可能であると信じていた。しかし、すでに見たとおり、その形相は実在的な性質で出来ているのである。それゆえ形相へのアクセスはただ間接的ないし暗示的な仕方でのみ可能なのであって、実在的性質への直接的なアクセスは――感覚的なものであれ、知的なものであれ――認められないのであった。ヤシの木そのものが、私たちが見るヤシの木に似ていないのと同様に、ヤシの木の様々な実在的性質は、私たちが作成するそれらのリストに似たものではない。実在的性質は、実在的対象に劣らず、直接的なアクセスから退隠しているのである。このようにして、感覚的対象は、宇宙における二つの重要な緊張――感覚的対象 vs その感覚的諸性質、感覚的対象 vs その実在的諸性質――にとって交差点の役割を果たしている。そしてこの交差点を見出したことが、フッサールの偉大な発見なのであって、このことこそ、彼をすでに過去の人と見なしたり、退屈な技術のマエストロと捉え違えたりしている近年の論者によって看過されてしまっていることなのだ。

とはいえ、フッサールは観念論に留まっている。フッサール的な対象は、意識に現れること以外のことができない。実際、意識がなければ——その意識が私や私以外の思考をもつ存在者、あるいは少なくとも可能的な思考的存在者に属していないのなら——対象はそもそも存在することすらできないのである。フッサールのような対象指向の観念論者でさえ、対象を正当に評価できていないということである。彼にとって対象は、心の領域を超えたところにある自立的な実在性や作用を欠いた、純粋に感覚的なものなのである。ところで、一般に、最も危険な哲学的問題は、自分たちがすでに乗り越えたと誤認しているものである。そのような場合、未解決の問題に残されたままの困難は消え去ってしまい、パラドックスのある側面だけが取り上げられ、そのような選択をしたことすら否定されてしまうことになる。そして不幸なことに、現象学は絶えずこうした類の罪を犯し続けてきた。というのも、現象学が実在論と観念論の「擬似問題」とされるものを超えたところにあると主張される限り、それは結局のところ、観念論者による論争における観念論サイドにあるのだから。

観念論かつ対象指向の哲学が置かれたこのような逆説的な状況において、最初に聞こえてくるのは、ハイデガーの音楽である。ハイデガーによる現象学の劇的な改革は、彼を二〇世紀の最も偉大な哲学者とするに十分であった。ハイデガーにもいくつかの欠点はある。しかしそれは、どんな有

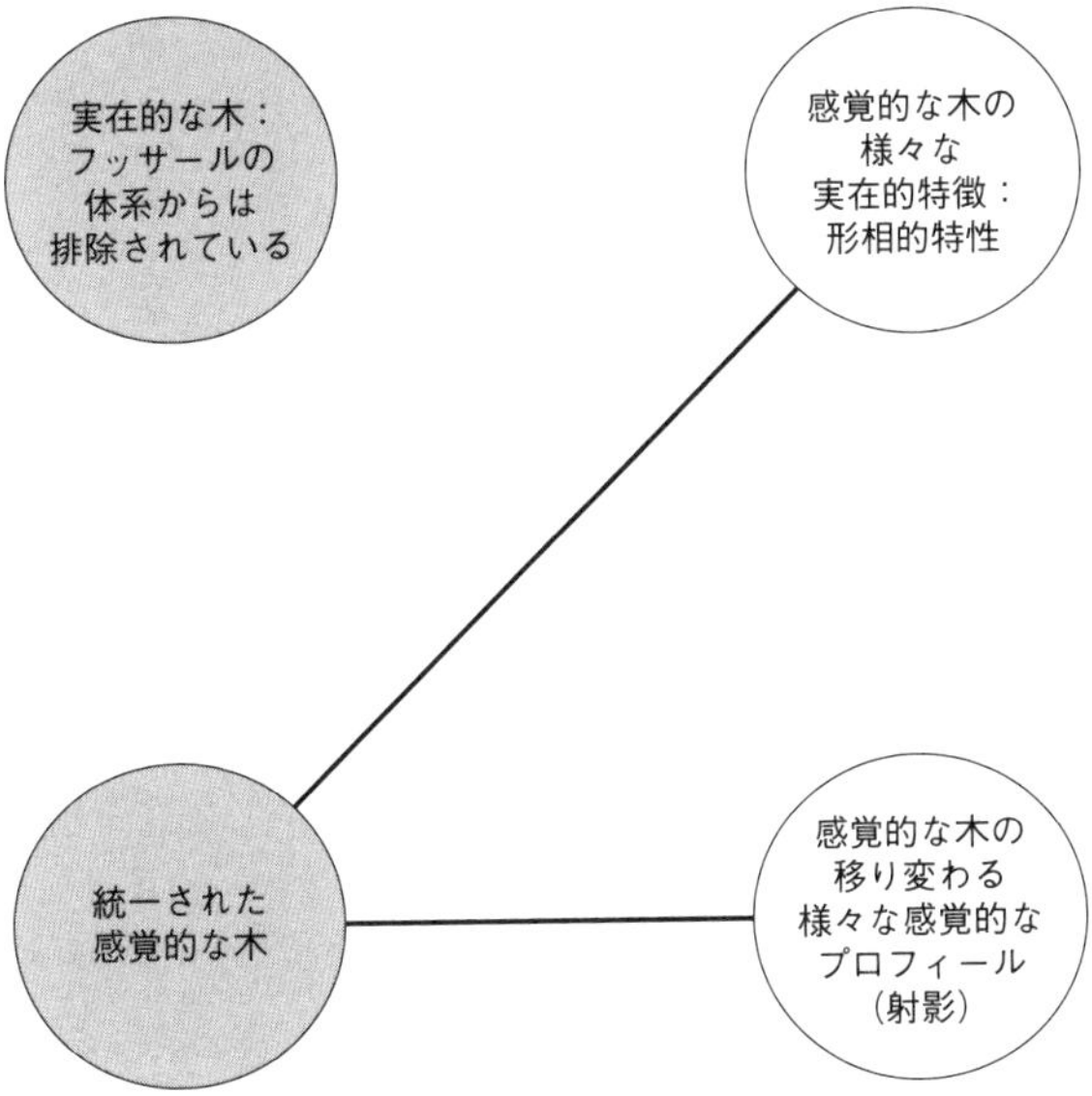

図１：感覚的対象における二つの緊張（フッサール）

名な思想家の場合でも同じことだ。ハイデガーが回避した誤りがあるとすれば、それはもちろん、感覚的領野へと対象を閉じ込めるという、フッサールが犯した誤りである。ハイデガーはたしかに、存在（*Sein*）と現存在（*Dasein*）を永続的な相互依存状態にある対と見なしたが、だからといって、存在が人間への現れに汲み尽くされてしまうことにはならない。というのも、ハイデガー哲学には、感覚的対象に並んで実在的対象を見出すことができるからである。

第三章　実在的対象

多くの人々にとって、ハイデガーは二〇世紀の重要な哲学者である。そしてもちろん彼は、本書で提示される形而上学にも大きく影響を与えている。それゆえ、本書は次章以降、ハイデガーを大きく取り上げることになる。これまで私たちは、本書の主題に対するフッサールの貢献を考察してきた。フッサールは、観念論者であるにもかかわらず、観念論者には通常縁のないある緊張を記述している。それは、私たちが出会う感覚的対象と、それがもつ二種類の特性――実在的性質と感覚的性質――との間にある緊張である。こうした洞察は、ともすれば曖昧なものとなってしまう観念的領域に対し、有意味な対立や構造を付け加える一方で、依然としてある一つの世界を前提にしている。それは、対象の実在性が意識的観察者に対するその現前を超えることがない世界である。ハイデガーの場合、状況は異なる。フッサールが現前の哲学者であるとすれば、ハイデガーは不在の思索者であるからだ。『存在と時間』におけるハイデガーの有名な道具分析が示すところによれば、私たちは普段事物を扱うとき、それらを意識の内で、手前にあるもの（*vorhanden*）として観察しているのではなく、手許にあるもの（*zuhanden*）として暗黙裡に信頼している。ハンマーやドリルが私たちに対して現れるのは、大抵の場合、それらが機能しなくなったときだけである。そうなるときまで、ハンマーやドリルは、決して現れることなく宇宙におけるそれらの実在性を成立させつつ、隠された背景へと退隠している。様々な道具存在（tool-beings）は、そうした深みへと撤退している限り、一つにまとまって用具（equipment）の体系と化す傾向にあり、この体系においては個別的存在者を相互に区別するのが困難なのである。〔だが〕このように考えてしまえば、対象を解体することになる。というのも、より深層の統一的な指示の体系の優位が認められることによって、存在者の多様性は、現前という派生的なレベルに属すことになるからである。

こうした理解は——たとえハイデガー自身が時折陥ったものであったとしても——彼が発見したことへの誤解である。道具分析は、一元的な存在の塊を与えるものでなく、様々な個別的対象が互いにほとんど関係できないような私秘的な内面へと退隠している、そうした光景を与えるものなのである。ハイデガーは、見かけに反して、フッサールに劣らず対象指向的な思想家なのだ。重要な違いは、ハイデガーがフッサールの感覚的対象を実在的（*real object*）対象という彼独自のモデルに置き換えた点にある。だが〔実際のところ〕、実在的対象は、感性的対象に取って代わるというよりも、それを補完するものである。

A　道具分析

ハイデガーは、現象学を内側から徹底した。ブレンターノやフッサールの著作に駆り立てられた若きハイデガーは、やがて現象学の継承者と目されるようになり、最終的にはこの運動の裏切り者と見なされるに至る。フッサールの現象学的方法は、外界についてのあらゆる考察を括弧に入れ、もっぱら意識に現れる現象だけに焦点を合わせたものであった。彼の反抗的な後継者であったハイデガーは、あらゆる現象の背後にあるものへと私たちの注意を促すことで、この手続きを反転させる。ハイデガーがそうするのは、科学的自然主義を王座に復権させるためでなく、科学によって認められてきたものよりもはるかに奇怪な実在の意味を私たちに与えるためである。ハイデガーによる現象学に対する宮廷革命が最も明瞭なものとなるのは、有名な道具分析においてである。その内容は、『存在と時間』においてはじめて公刊されることになるのだが[13]、一九一九年に行われた最初期のフライブルク講義において、すでに見出すことができるものである[14]。道具分析はおそらく、前世紀の哲学におけるもっとも偉大な契機であり、強力さという点においては、プラトンの洞窟の比喩に匹敵しうる思考実験である。フッサールの任務が自然界についてのあらゆる理論を宙づりにし、

(13) Martin Heidegger, *Being and Time.* Translated by J. Macquarrie & E. Robinson. (New York: Harper & Row, 1962.)〔*Sein und Zeit,* Tubingen: Max Niemeyer, 19. Aufl., 2006. 以下、『存在と時間』への参照および引用については、SZの略号の後、ニーマイヤー版の頁数を併記する〕

意識経験を詳細に調査することであったとすれば、ハイデガー哲学は現前——心に対しての現前であれ、他のなにかに対しての現前であれ——の一掃運動だと言えるだろう。ハイデガーが決して試みなかった力強さでもってこの運動を追求するのなら、私たちはすぐさま、この偉大な思想家自身には閉ざされていた、思弁哲学の辺境地帯へと辿り着くことになる。

ハイデガーの道具分析は、近年の哲学を大雑把にしか理解していない人でさえ、聞き覚えのあるものだろう。私はいつでも、自分の目の前にある数多くの対象——例えば、机、ランプ、コンピュータ、電話——を意識している。だがハイデガーの指摘によれば、私たちが相手にしている対象のほとんどは、心に対して決して明示的には現前していない。それらはむしろ、「用具」ないし手許にあるという存在様態を有しているのである。私が通常気にかけない眼鏡や、私を生かしている脈打つ心臓、私が地面に倒れないようにしてくれている椅子や硬い床、そして幼少期の早い段階で身につけた文法体系についても同じことが言える。意識的な気づきは、私たちの生活のごく一部を占めるものにすぎないのだ。対象は、大抵の場合、私たちの意識的活動を支えている仄暗い地下領域へと退隠しているものであって、突然視界に現れることなど滅多にないのである。さらに、ハイデガーはしばしば、この閉じた地下の領域は、自立した対象の集合というよりもむしろ一つの統一的体系である、と主張した。すなわち、厳密に言えば、「一つの」用具といったものがあるわけではない。というのも、様々な道具は、相互にかつ全体的に参照し合うことによって規定されているのだから、というわけである。さらに注意すべきは、「用具」や「道具」といった言葉を用いながらも、ハイデガーは、他のものと対立するある特定の種類の存在者についての限定的な分類を記述しているわけではない、という点である。道具分析とは、ハンマーやドリル、ナイフやフォーク〔などの道具〕だけを対象とした分析ではなく、あらゆるものについての分析なのだ。というのも、どんな存在者にも、心の前に現れるよりもむしろ謎めいた背景の内に住まう傾向があるからである。

道具分析が最初に現れたのは、一九一九年に行われたフライブルクでの講義である（この講義には、「セネガルの黒人」であれば教卓を弓矢や投石から身を守るものだと誤解するかもしれないなどという、当惑させられるような想像が含まれている）[15]。だが、その内容が初めて公刊されたのは、その八年後、『存在と時間』第一五節の冒頭においてであった。ハイデガーは、世界は、まずもって客観的な物質で満たされており、それが後から価値や心理学的投影によって補完されるという主張に反対し、道具存在それ自体を、事物の原初的な本性として論じている。「私たちは、配慮的気遣いの下で出会う存在者を「用具」と名づけたい」[16]。またハイデガーは、ある種の「見ること（Sicht）」――「配視

(14) Martin Heidegger, *Towards the Definition of Philosophy*. Translated by T. Sadler. (London: Continuum, 2008.)〔以下、クロスターマン版全集所収の文献については、邦訳があるものは、邦訳書誌情報を、ないものは、GA の略号の後、対応する巻の数字を表記する。『哲学の使命について』（ハイデッガー全集第五六／五七巻）、北川東子、エルマー・ヴァインマイアー訳、創文社、一九九三年〕

(15) Ibid., pp. 57-59.〔同七八―七九頁〕

(16) Martin Heidegger, *Being and Time*, p. 97.〔SZ, 68〕

(Umsicht)」とも呼ばれる——によって、私たちは道具を扱っているとも主張しているが、この「見ること」なるものは決して、道具を見えるようにするものではない。というのも、「手許にある」道具の最も大きな特徴は、次のことだからだ。「さしあたり手許にあるものは、主題的に捉えられるものでは決してない［……］手許にあるものに特有なのは、それが真に手許にあるためには、いわば退隠する必要がある、という点である」[17]。要するに、道具は道具である限り、全く不可視なのだ。そして、道具が不可視であるのは、それが何らかの目的を果たすために消え去ってしまうからである。「用具は本質的に「～のための」或るものである。［……］「～のため」という構造には、或るものから或るものへの割り当てないし指示が存在する」。さらにハイデガーはこうも述べている。「用具がその用具性に従って存在するのは、他の用具への帰属によってである。例えば、インクスタンド、ペン、インク、紙、下敷き、机、ランプ、家具、窓、ドア、部屋〔等々はいずれもみな互いに帰属し合っている〕」[18]。ハイデガーにとって道具とは、孤立した存在者として存在するものではない。実際、道具の外形は、それ自体、他の存在者を考慮した上でデザインされている。例えば、「屋根付きのプラットフォームは、悪天候を考慮しており、公共の照明設備は暗さを、というよりむしろ陽の光が一定の仕方で変化し現れたり消えたりすること——つまり「太陽の位置」を考慮している」[19]。心の外にある実在は意識的な現れに基礎付けられているのだという考えとは逆の結論を、ハイデガーとともに下す必要がある。さらに、私たちは、意識から退隠するのは客観的で物理的なものではなく、世界それ自体が、あらゆる意識的なアクセスから退隠する実在で出来ているのだという点においても、ハイデガーに同意せざるをえないのである。

したがって、フッサールの主張とは反対に、事物の通常のあり方というのは、現象として現れることではなく、人目に付かない地下領域に退隠することなのである。通常私たちが道具に気づくのは、それが何らかの仕方で機能しない場合のみである、とハイデガーは述べている。医療的な問題が生じることによって、私は自分が暗黙のうちに依存している身体の器官に気を配るようになる。同様に、地震によって私は自分が身を委ねている硬い大地に注意を向けるようになるのだ。とはいえ、存在者は、ボルトやワイヤーやエンジンが破損する場合のように、文字通りの意味で「壊れる」必要はない。というのも、私が自分の身体の器官や我が家の硬い床を意識的に反省し、そうすることで存在者に注意を払っているとき、そこにはすでになんらかの不具合があるからだ。しかし、そうしているときでさえ、私はそうした事物そのものを把握しているわけではない。そうした現象には、つねに私が理解していない側面が存在するだろうし、さらなる驚きがいつでも発生しうるからである。私が事物をどれほど必死に意識しようとしても、周囲の状況にはなお、私が決して完全には気づくことができない部分が残されている。川や狼や政府や機械や軍隊を凝視するとき、私はそ

(17) Ibid., p. 99.〔SZ, 69〕
(18) Ibid., p. 97〔SZ, 68〕
(19) Ibid., pp. 100-1.〔SZ, 71〕

れらの実在性を完全に把握しているわけではない。それらの実在性は、これらの存在者たちの最も取るに足らない虚像だけを残しつつ、私の視界を逃れ、永遠に隠された地下世界へと滑り落ちて行ってしまう。要するに、意識に対する諸事物の現象的な実在性は事物の存在を汲み尽くしはしないということだ。存在者の手許性は、その手前性へと余すことなく展開されはしないということである。

道具分析には、ハイデガーの読者が通常思っているよりはるかに重要ないくつかの含意がある。この点については、次章以降で詳述することになるが、すでに一つ、重要な論点が明らかとなった。私たちは以上で、手許性と手前性とが、対象の異なる種類についての分類を与えるわけではない、ということを見てきたのである。つまり、手許性と手前性は、その他の様々な領域と並ぶような二つの限定された存在者の領域ではないということだ。そうではなく、道具と壊れた道具とが、ハイデガーの宇宙の全体を成しているのである。ハイデガーは、この二つの基礎的な存在様態を、それもこの二つだけを認めている。すなわち、存在者は、一方で静かな地下世界へと退隠し、他方で自らを現前させるのである。このことは、熊手やシャベル、ナイフやトンネルや橋等々には、明らかに妥当する。というのも、これらはいずれも、目に見えない形でそれぞれの仕事を果たす一方で、心の前に時折現象的なイメージとして存在するのだから。しかし同じことは、通常「道具」とは見なされていない存在者にも当てはまる。というのも、色や形や数でさえ、いずれもみな、実在性を有しており、その実在性は、それらを特定の仕方で思考することで完全に汲み尽くされるものではないからである。こうした存在者も、木製や金属製の製品と同じように、手許性と手前性という包括的な二元論のうちに組み込まれているのだ。さらに言えば――ハイデガー自身は否定しているとはいえ――現存在さえも、これら二つの存在様態に関与している。現存在は、ゴムホースと同じように「使われる」ことはないとはいえ、やはり他の存在者と同様に二つの側面を示しているからだ。人間さえも、それを外から観察する者に対して現前する一方で、決して完全には理解されえない実在の闇へと退隠しているのである。

B 理論と実践を越えて

道具分析の典型的な読み方の一つに、それをプラグマティズムの一形態と見なすものがある。なぜそうした読みが生じるのかということは、容易く理解できる。フッサールは、事物の本質に適った直観についての最良のシナリオを求めて忍耐強く現象の理論的記述を行った哲学者と見なすことができるだろう。対照的に、ハイデガーは、理論が事物を正当に扱えるという考え方に何の期待も抱いていない。彼にとって理論とは二次的なものであって、したがってそれは前理論的な実践という気づかれることのない背景から生じるものにすぎないと思われたのだろう。ハイデガーは、明瞭な意識をもった観察者にプライオリティーを与える代わりに、人間的現存在とはある状況の内に投げ込まれているものであり、その状況は心に現前するよりもずっと前から日常的な光景と見なされているのだ、と考えた。実践的な取り扱いや対処が彼の世界モデルの中心に置かれる一方、意識は実在の片隅へと追いやられることになる。目に留まらない実践は、あらゆる理論がそこから現れ出る土壌なのである。こうして、ハイデガーはプラグマティストとして描かれることになる。しばしば付け加えられるのは、ジョン・デューイが同じことに三〇年早く気づいていたという事実である。それゆえに（少なくともアメリカで）ハイデガーは、遅蒔きのプラグマティストにすぎない者として扱われ、彼の道具分析からは、すでに他の誰かが書いた以上のことを学ぶことができない、といったことが言われることになる。もしハイデガーに真に独創的な点があるとしたら、それは彼の数万頁に及ぶ歴史的著作の中に見出されるべきであって、存在論者としてのハイデガーはプラグマティズムの発見をただ繰り返しているにすぎないというわけである。

私はハイデガーのプラグマティスト的解釈には反対であるものの、この解釈動向には慣習上の利点がある。何にせよ、英米圏では分析哲学という知的潮流による支配が続いているのであって、プラグマティズムはそこですでに高い名声を得ているからだ。ハイデガーのプラグマティスト的解釈は、その数の多さから少なくとも、分析哲学者の間でのハイデガーのイメージを「理解不能な詩人兼気取った神秘主義者」から「非心理主義的かつ検証主義的な反実在論者」などといったものへと変化させたという点では成功している。アメリカにおいて最も重要なハイデガーの分析的解釈者と言えば、もちろん、ヒューバート・ドレイファスだが、私たちの目的にとってより有益なのは、マーク・オクレントである。というのも、彼の著作『ハイデガーのプラグマティズム』[20]は、いま問題となっている解釈に対してより率直な支持を表明しているからだ。オクレントによれば、「存在」

の語は、ハイデガー用語の頂点に単独で君臨しているわけではない。「存在」は、「理解（understanding）」の語と結びついているのである。オクレントにとって「理解」とは、実践的な技能知を意味する語である。彼は、ハイデガーの立場をこう説明する。「x（例えば、ハンマー）を理解するとは、第一義的には、xでもってyする（叩く）やり方や、xの使い方（xをハンマーとして使用する）を理解することである[21]」。しかしまた、オクレントは、理解が一時的でなく遍在的なものだとも主張している。すなわち、理解はつねに、そしてあらゆるものに対して生じているのだ、と。とはいえ、オクレントも認めているとおり、このことは、人間は出会ったものに当惑しそれを全く理解し損なうことがある、という明らかな事実と矛盾しているように思われる。このパラドックスに対して彼はこう述べることで対処している。すなわち、結局のところ、人間が理解するのは、自らが出会うハンマーや電子やイルカではなく、むしろ自分自身なのである、と。「ハイデガーは、事物が理解されない限り、それに対して向けられる志向などありえない、とは言っていない。むしろ彼が主張しているのは、人は自分を理解せずには、自らを志向することも、そして他のどんなものを志向することもできないのだ、ということである[22]」。こう述べることでオクレントは、ある奇妙な立場へと

（20） Mark Okrent, *Heidegger's Pragmatism: Understanding, Being, and the Critique of Metaphysics.* (Ithaca, NY: Cornell University Press, 1988.)
（21） Ibid., p. 31.
（22） Ibid., p. 24.

至っている（もっともこれは、ハイデガーをプラグマティズム的に読む人々の間では珍しいことではない）。それは、外的世界は実践的に扱われねばならないが、内的世界は――外界の理解も自己理解の一様態にすぎないと想定されるのだとしても――絶対的な超越論的知識によってアクセス可能である、という立場である。矛盾は明白だろう。とはいえ、ここでオクレントの著作に対して詳細な批判を与える必要はない。私はたんにハイデガーについての彼の結論を引用したいだけなのだ。というのも、それは典型的なプラグマティスト的ハイデガー解釈だからである。ローティと同様、オクレントも、ハイデガーをとりわけ独創的な哲学者とは見なしてはいないのである。「時間性を強調した点は例外と言えるかもしれない。しかし、志向性はまずもって実践的性格を有する、という初期ハイデガーの中心的な主張は、二〇世紀哲学において独自な主張では決してない。多くの哲学者――ジョン・デューイ、後期ウィトゲンシュタイン、現代アメリカのネオ・プラグマティスト等々――がまさに同様のことを主張してきたからである(23)」。

だがハイデガーのプラグマティスト的読解は――現在どれほど人気なものであろうと――的外れである。というのも、道具分析は、意識的な気づきの発生には、無意識的な事物の使用が先行しているということよりもずっと深いことを私たちに教えてくれるからだ。第一に、語源的に正しいからといって、手許性と「実践」を、手前性を「理論」と同一視するのは誤りである。理論の尊大なうぬぼれに反対するために、道具分析が示すのは、リンゴやハンマー、犬や星などの存在が意識への現前に尽くされはしないということである。こうした事物の感覚的プロフィールが、それらの実在性を完全に汲み尽くすことは決してない。というのも、実在は、謎めいた地下世界の薄闇へと退隠しているのだから。とはいえ、もし何かが、リンゴの多様なプロフィールの背後に隠れているのだとすれば、それは、私たちによるリンゴの使用ではなく、むしろリンゴそれ自体である。結局のところ、事物の使用は、事物についての理論の形成に劣らず、事物の実在性を歪曲してしまうのだ。私たちが特に意識することなくまだ壊れてはいない床の上に立つとき、この「立っていること」は、床のほんの一握りの性質——例えば、硬さや丈夫さ——に依存している。「立つための道具」としての床の私たちによる使用は、犬や蚊であれば検知するかもしれない他の多くの性質に触れてはいない。要するに、理論と実践はいずれも等しく、事物を手前性に還元するという罪を犯しているのである。たしかに、事物には、心の中で意識されるものと、無意識的に使用されるものとがある。しかし、道具分析における基本的な対立は、意識と無意識の間にあるのではない。真に重要な亀裂は、対象の退隠した実在性と、理論と実践によるその対象の歪曲との間にあるのだ。ハンマーは、見つめられることよっても、使用されることによっても、その存在を汲み尽くされたりはしないのである。

だが、手前性と手許性の差異は、しばしば、さらに別の仕方で誤解されてしまう。〔一方で〕意識の内にある諸対象は、抽象され孤立したものとして現れ、いずれも単独で存在するものだとされる。

(23) Ibid., p. 280–1.

〔他方で〕一般に、道具分析は、存在者それ自体が孤立したものではなく一つの全体的な体系に属していること、そしてその体系においては、各事物が自らの意味を他の事物を参照することによって得ていることを示すものだと考えられている。ハイデガー自身、「一つの」用具などといったものは存在しないと述べているために、彼は関係の存在論者であるかのように扱われてしまうのである。こうした考えが生じる理由は、容易に理解できる。〔例えば〕ナイフが、それが用いられる場面――レストランのキッチンや結婚式の晩餐、あるいは凄惨な殺人の現場――に応じて非常に異なった実在性をもつことは明らかだろうから。とはいえ、こうしたハイデガー解釈は、説得的に見えるかもしれないが、的外れである。真の対立は、意識において孤立したナイフと、一つの体系に属し無意識的に使用されるナイフとの間にあるのではない。というのも、ナイフは、見られる場合も使われる場合も、それ自体としてではなく、他の何かとの関係においてのみ扱われているのだから。

たしかに、どんな道具も一つの体系に属すものである。動物園の檻に入れられたカラスの群れは、雪原上を飛ぶ群れほど不吉な印象を与えないが、同じ群れが病院の廊下にいたらずっと不気味に思われるだろう。こうした点で、存在者は〔たしかに〕他の存在者との相互規定の下に存在し、自らの意味を隣接する存在者から得ているように思われるし、それゆえに、用具を全体論的な仕方で理解しようとする人がいるということは容易に理解できる。だがここでもまた、ハイデガーのプラグマティスト的読解と同様の問題が生じているのである。機械の異なる部分はたしかに、互いを指示し、また相互に規定し合っているといえるかもしれない。だがそうした相互関係は、それら部分の実在性を汲み尽くすものではないからである。体系に属している限り、道具はすでに自らのカリカチュア以外の何物でもなく、手前性に還元されてしまっている。意識の内で孤立したナイフや窓は、抽象的な孤立状態の下で見られているように思われるかもしれない。しかし、そうしたイメージでさえ、体系の内に存在しているのだ。というのも、これらのイメージは、それらを観察する人との関係においてしか存在しないものなのだから。要するに、理論的抽象と道具の使用は、どちらも等しく道具そのものを歪曲するという罪を犯してしまっているのである。道具は、それが「使用される」限り、意識内のイメージに劣らず手前にある。しかし、道具は「使われる」のではなく、存在する。そして、存在する限りにおいて、道具は、人間の理論と実践、いずれとの関係によっても汲み尽くされることはないのである。

C　アンチ・コペルニクス

実践は理論と同様に事物の実在性を歪めてしまうと主張することで、私たちはハイデガーの道具分析に重要な修正を施したことになる。ハイデガーは人間存在の様々な事象よりもむしろ〈存在〉そのものへの関心を宣言していたのだから、彼もきっとこの修正を受け入れてくれるだろう。だが、私たちはこれから、彼が決して同意しないであろう、より根本的な修正を加えようとしている。事物の存在があらゆる理論と実践の背後に隠れているという主張は、人間的現存在が有する何らかの貴重な長所や短所に由来する事態ではなく、どんな関係も――無生物的な関係でさえ――それが関わるものを翻訳ないし歪曲してしまうという事実に由来することだからである。火は、綿を燃やすとき、この素材の可燃性とだけ接する。火は綿の匂いや色には決して作用しないだろうが、それはこれらの性質が感覚器官を備えた生物だけに関わるものだからである。たしかに火は、自らが把握できない様々な性質を変化させたり破壊したりすることができる。しかしそれは間接的に――つまり、色や匂いや火がどれもみな接することができるような、綿が有する何らかの付加的な特徴という迂回路を通じて――なされることなのである。綿の存在は、それが焼き尽くされ、破壊される場合でも、炎から退隠している。綿＝存在は、現象学者や織物工のみならず、それと接するどんな存在者からも隠されている。言い換えれば、対象の退隠は、人間やいくつかの賢い動物だけを悩ます認知的トラウマではなく、あらゆる関係の恒久的な不十分さを表現しているのである。ハンマーを私の思考や行為に完全に現前させる方法がないのであれば、綿を火に、あるいはコップを雨粒に現前させる方法もまた存在しない。〔たしかに〕人間の経験が、無生物的接触と非常に異なっていることと、そしておそらくはより豊かで複雑であることは否定できない。だが、それは問題ではない。ここで重要なのは、人間と紙の関係と炎と紙の関係の差異は、質的な差異なのか、それとも程度の差異でしかないのか、という点である。そしてハイデガーの道具分析において、それは結局のところ、程度問題にすぎない。ハイデガーは存在と人間的現存在との間に枢要な裂け目を確立しようとしたが、むしろ彼は私たちに実在と関係の間にある基礎的な差異をもたらしたのである。

この差異は、いまなお哲学を支配している、カントのコペルニクス的転回に逆らうものである。

ラトゥールとメイヤスーはいずれも正当にカントのアナロジーに反対した。すなわち、コペルニクスは地球を動かし宇宙の中心から追い払ったというのに、カントはむしろ、プトレマイオスを想起させるような仕方で、人間を中心へと復権させてしまったのだ、と。私が「アンチ・コペルニクス」という言葉を用いる場合、この語は、天文学者コペルニクスではなく、コペルニクス的哲学者を自称したカントに向けられている。カント的な立場の最大の特徴とは何か。それはもちろん、時間論や空間論やカテゴリー論ではない。というのも、これらの見解をいまだに支持している哲学者はほとんどいないのにもかかわらず、結局のところカントは主流派の哲学を支配し続けているからである。またそれは、あらゆる経験を超えたところにある物自体という観念でもない。というのも、ドイツ観念論におけるカントの継承者たちは、彼の名声をほとんど損なうことなく、この概念を破棄したからだ。カントの立場に本当に固有なもの、それは人間と世界の関係が他のあらゆるものを優越するという考えである。というのも、彼を物自体の存在を強く信じている実在論者として読む者でさえ、カントにとってその物自体は人間の意識に有限性という亡霊を取り憑かせる役割を担っているにすぎない、ということを認めざるをえないからである。さらに重要なことに、カントは、一度たりとも物自体同士の関係について真剣に注意を払ったことがない。彼にとって問題はつねに、一方にある人間主観と、他方にある世界との関係であったのだ。今日、人間と世界による二者支配は、自明視されてしまって、ほとんど問いに付されることがない。ハイデガーももちろん、このことは問題にしてはおらず、この点において、彼は意図せずにコペルニクス主義に留まってしまっている。ハイデガーは、現存在と世界との関係に焦点を合わせるばかりで、あらゆる人間的観察者から離れた、火と綿の相互関係についての言説をもってはいないのである。

　昨今の哲学における非凡な例外、近年の反コペルニクス主義者の中で最も偉大な者、それは、間違いなくアルフレッド・ノース・ホワイトヘッドである。この注目すべき思想家は、人間的存在者と非人間的存在者は皆、他の事物を抱握（*prehend*）し、それに対し何らかの仕方で関係する限りにおいて、いずれも全て等しい身分をもっていると言うことによってカント的な先入見を破棄したのである[24]。ハイデガーとは異なり、ホワイトヘッドにとって、人間と世界の対は、彗星と惑星の闘争や塵と月光の闘争より高い身分をもってはいない。〔彼にとって〕あらゆる関係は全く同じ地位を有しているのである。このことが含意しているのは、人間的な性質の非人間的世界への投影ではなく、むしろその逆の事態である。すなわち、鉱物や泥によって為される粗雑な抱握も、人間の洗練された心的活動に劣らない関係であるということだ。私たちは、魂を砂や石のなかに置き入れる代わりに、人間の魂の内に砂的なものや石的なものを見出すのである。

　現在、多くの哲学者が、人間と世界とのカント的な二者支配を維持しながらも、実在論者を自称している。彼らは、経験を超えたところに何らかの未分化な実在を想定しさえすれば観念論から逃れるのに十分であると考えている。ひょっとしたら、彼らが正しく、彼らこそが、実在論者の名に値するのかもしれない。しかし、もしそうだとしたら、実在論に対して興奮する理由はほとんど存在しないことになるだろう。彼らに対しては、こう述べて出方を窺う必要がある。すなわち、哲学は、あらゆる関係を等しく関係として、つまりどれも等しく翻訳ないし歪曲に他ならないものとして扱わない限り、世界を正当に扱ったことにならないのだ、と。無生物の衝突は人間の知覚と――後者の方が明らかにより複雑な関係であるにせよ――全く同じ仕方で扱われねばならないのである。このように考えるやいなや、私たちは、ハイデガーを形而上学の方へと押しやったことになる。周知のとおり、ハイデガーは「形而上学」という語を拒否した。しかしそれは、ある一つの特別な種類の存在者を他のあらゆる存在者にとっての根元と見なす存在神論（ontotheology）という形態の形而上学でしかない。そして、これは、私が目指しているのとは反対のものである。最も重要なのは、私たちが今や一つの理論を手にしているということ、そしてその理論の下では、岩が――人間の理論や実践からだけでなく――窓からも退隠しているという事実である。こうした理論こそが、思弁的形而上学の名に値するものなのだ。

D　二つの緊張

ハイデガーには、ちょうど初期レヴィナスがそうであったように、存在を統一されたものとして扱い、現前の王国においてのみ多様性を見出す傾向にあった時期が存在する。つまり、ハイデガー

(24) Alfred North Whitehead, *Process and Reality.* (New York: Free Press, 1978.)〔『過程と実在』（ホワイトヘッド著作集第一〇巻／第一一巻）、山本誠作訳、松籟社、一九八四／一九八五年〕

は時折、存在者の多様性と、手前にあるにすぎないものとを同じように語っていたということだ。存在それ自体について議論することは、手前性よりも深いところへの移行を意味しており、このことには、あらゆる個別的存在者の解体が含意されている。それ以外の時期、とりわけ一九四九年以降、ハイデガーは、個別的存在が、全体的で包括的な道具の体系へと溶けていくのではなく、影の中へと退隠し、個別的状態に留まることを進んで認めていた。とはいえ、私たちの目的は、ハイデガーの本当の見解を知ることではない。というのも、彼の道具分析が一つの思考実験である以上、物理学の場合と同じように、ここで私たちは、実験についてのハイデガー自身の個人的な見方よりも、実験が示す真理と結ばれているからである。私は次のことを示そうとしてきた。すなわち、対象を相互作用から成る体系内での役割によって定義してしまえば、対象を解体することになり、その結果、対象はカリカチュアへと還元され、そのイメージが他の事物に対して現前することになってしまうのだ、と。対象を正当に扱う唯一の方法は、その実在性をあらゆる関係から自由で、あらゆる相互性よりも深いものとして捉えることである。対象は、私秘的な空虚においてヴェールに包まれた黒い結晶なのだ。つまり、対象は自らの構成要素にも他の事物との外的関係にも還元不可能なものなのである。

フッサールについて論じることで、私たちは感覚的対象を扱った。感覚的対象は、自らが出会う別の対象にとってしか存在せず、偶有性の背後に「隠れている」のではなく、むしろそうした性質で装飾された対象である。これに対し、ハイデガーの道具分析において、私たちは実在的対象を手にしている。実在的対象は、二つの点で感覚的対象と異なっている。第一に、実在的対象は、それが出会うあらゆるものから自立している。感覚的な木は、私が寝たり死んだりして目を閉じれば蒸発してしまうのに対し、実在的な木は、感覚を有する全存在者が私とともに破壊されようとも、成長し続ける。第二に、感覚的対象がつねに経験の内にあって自らの性質の背後に隠れたりすることはないのに対し、実在的対象はつねに隠れていなければならない。

こうした相違にもかかわらず、この二種類の対象の間にはいくつかの重要な共通点がある。両者はともに、自立的な単位である。また両者はともに、いかなる特性の束にも還元できない。というのも、これらはいずれも、自らに属している様々な性質の変化に抵抗することができるからだ。そして最も重要なのは、実在的対象と感覚的対象は、いずれも、二つの異なる種類の性質によって分極しているということである。すでに見たとおり、感覚的対象はつねに純粋に偶有的な感覚的性質で装飾されているが、この対象の下には、形相に属する、より重要な実在的特徴が沈水している。これと同じ二つの極は、実在的対象の場合にも見出すことができる。一方で、実在的なハンマーは、それ自体では退隠しているにもかかわらず、感覚的性質を現前の領域へと放出している。経験において出会われる性質は、感覚的対象の場合と同様に、実在的な対象からもどうにかして発出しなければならない。というのも、感覚的性質は明らかにつねに感性的対象に付着しているものであるとはいえ、退隠した道具存在は、感覚的性質を通じてしか、意識に現前できないからである。他方で、実在的なハンマーは完全に空虚な単位ではなく、自らの様々な実在的性質を有している。このこと

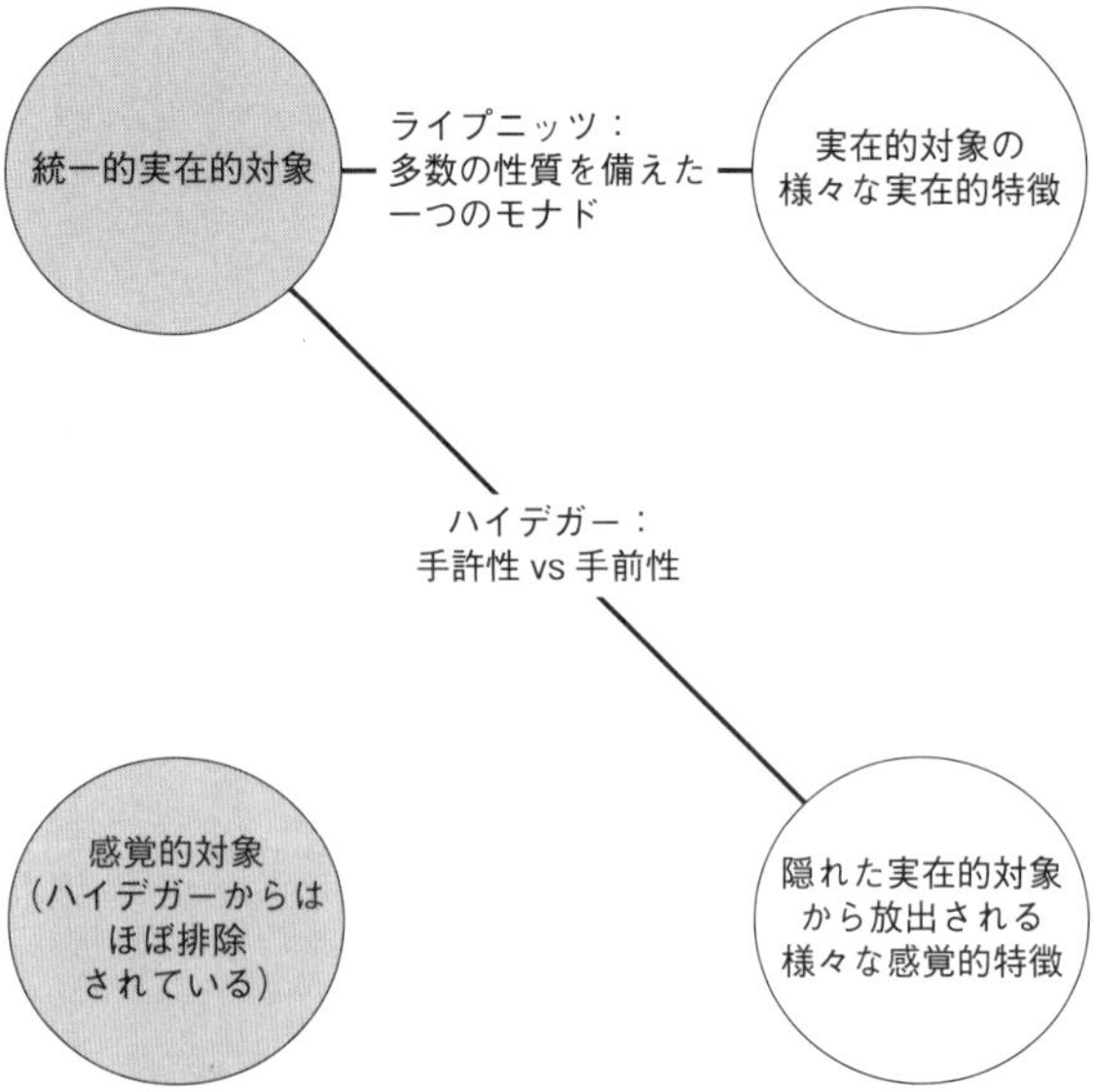

図２：実在的対象における二つの緊張（ハイデガーとライプニッツ）

はライプニッツのいくつかの指摘からも明らかである。というのも、彼によれば、各モナドは、それぞれが一つのモナドでなければならないとしても、それが自分自身であるために、そしてまた他のモナドと——交換可能であることなく——区別されるために、多数の性質を必要とするからである[25]。

フッサールとハイデガーについての以上のごく短い概説によって、私たちはすでに対象指向形而上学の基本要素を手にしたことになる。現象学における偉大な二人の人物は、いまや決定的に結ばれている。この宇宙には無限の対象があるかもしれないが、それらはたった二つの種類に分けられる。すなわち、あらゆる経験から退隠する実在的対象と、経験の内、にしか存在しない感覚的対象である。これらとともに、私たちは二種類の性質をも手にしている。すなわち、経験において見出される感覚的性質と、フッサールが感性的直観でなく知性によってアクセス可能なものだとした実在的性質である。このことによって、宇宙における四つの異なる極が生じる。通常、四つの項の集まりからは、六つの組み合わせ——要素の重複を認めるのであれば一〇の組み合わせ——を得ることができる。だがいまは、対象の極と性質の極が結合するペアにのみ焦点を合わせたい。そのようなペアは、もちろん、次の四つだけである。すなわち、実在的対象と実在的性質、感覚的対象と感覚的性質、実在的対象と感覚的性質、感覚的対象と実在的性質の四つのことだ。実際、私たちは既に四つのペアの全てに触れているが、これらこそが本書の残りの部分に、主要なテーマを与えるものなのである。

感覚的対象と感覚的性質のペアは、フッサールの最初の偉大な発見である。感覚的対象は完全に現前してはいるが、つねに偶有的な特徴とプロフィールの霧に包まれている。彼の第二の偉大な発見は、感覚的対象と実在的性質の結合である。意識における現象は、確固たる性格をもたなければ、空虚な統一的極となってしまう。そうした性格は、感性的直観でなく知性によってしか捉えられない実在的な形相的性質から成るものであった。実在的対象と感覚的性質の対は、ハイデガーの道具

(25) G. W. Leibniz, "Monadology." In *Philosophical Essays*. Translated by R. Ariew & D. Garber. (Indianapolis: Hackett, 1989.)〔『モナドロジー・形而上学叙説』、清水富雄・飯塚勝久・竹田篤司訳、中公クラシックス、二〇〇五年〕

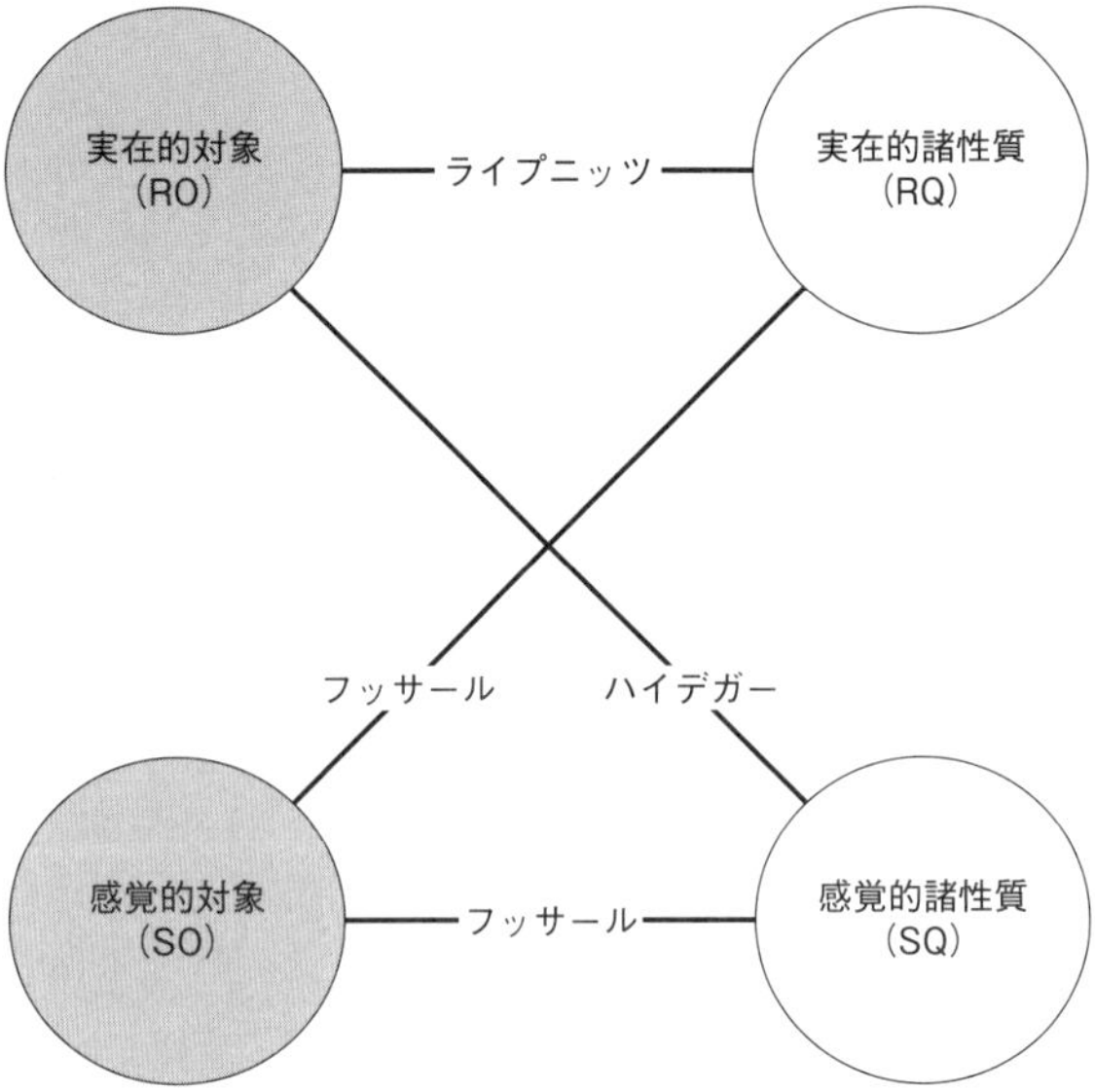

図3：四方構造

分析の主題である。道具分析においては、地下に隠されたハンマーが、思考ないし行為にアクセス可能な表面を介して、どうにかして感覚的現前へと翻訳される。最後に、実在的対象と実在的性質のペアの存在によって、実在的対象は、確固たる性格を欠いた空虚な統一的実体であることなく、他の実在的対象と互いに異なることができる。こうしたモデルをより詳細に発展させることで、私たちは新しい哲学の入り口に到達することになるだろう。

第四章　さらにハイデガーについて

ハイデガーは、本書に対してもう少し話を続けるに値するだけの貢献をしている。まもなく私たちは、四方界（*Geviert*）という彼の奇妙な概念について議論する必要に迫られることになる。だが、この魅力的で厄介なトピックに移る前に、いくつかの興味深い論点に目を向けておきたい。第一に、道具分析には通常考えられている以上に深い意義があるということ、そしてそれは手前にある意識的イメージを手許にある実践的な用具に対立させるだけの議論ではないということをもっと読者に納得してもらう必要があるだろう。第二に、私はハイデガーが時間の哲学者であるという考えにも反対したいと思う。というのも、ハイデガーは、実際のところ、孤立的瞬間の哲学者であるからだ。ただし、その瞬間は通常考えられているよりもはるかに分節されているものである。第三に、このことから、ハイデガーは、不在と現前、道具と壊れた道具の絶えざる反転以外にほとんど主題をもたない単調な哲学者であるという理解が帰結する。第四に、そして最後に、ハイデガーが私たちを実在論に導くと考えられる理由と、道具分析がコペルニクス的な人間的アクセスの哲学の克服に大きな貢献をするという事実を説明したい。以上の全てが示されたとき、私たちは広く受け入れられているものとは非常に異なるハイデガー像を抱くことになるだろう。ハイデガーは、プラグマティストでも、時間の哲学者でも、実在を人間的現存在へのアクセス可能性に還元した思想家でもなく、個別的瞬間の両義的な状態を大きく強調した、実在論的形而上学者として姿を現すのである。

A　現前の三つの種類

前章では、手許性は実践的行為にかかわるものである、という通常の見解を捨て去るよう訴えた。理論と同様、実践も、対象を正当に扱うのに十分な深みをもってはいないのである。だが、ハイデガーの道具分析の読み替えを仕上げるためには、彼の言う「手前性」は多義的であり、この語がもつ様々な意味は、結局のところ全て関係性にかかわっている、という点を強調すべきである。ハイデガーの道具と現前についての典型的な解釈によれば――時折この哲学者自身の発言によって支持されるように――手前性が、人間から独立していると想定される限りにおける事物にかかわる一方、手許性は、人間の目的のうちに包摂された事物にかかわっている。しかし実際には、その逆なのだ。つまり、手許性はつねに〔人間から〕独立していなければならず、手前性は〔人間に〕依存していなければならないのである。道具存在に対して意識におけるイメージという身分よりも高い地位が与えられるべきだとすれば、それは道具存在が人間的現存在により依存しているからではなく、むしろその逆だからである。対象を私たちへのアクセス可能性へと還元することは、どんな仕方であれ、対象を手前性へと還元することである以上、避けるべきである。ハイデガーが「手前性」という語を、いくつかの異なる状況を示すために使っていることは滅多に指摘されないが、そのうち少なくとも三つの状況は、すぐに思い浮かべることができる。第一に、フッサール的な意味における手前性とは、心に現前する現象を示すものである。第二に、壊れた道具というハイデガー的な現象があり、これは道具が壊れたり上手く機能しないときに突如として私たちに現れるものである。しかし第三に、そして最後に、科学によって明らかにされる自然の存在がある。自然は、通常、人間から独立したものであると見なされている。しかし、実際には、私たち自身による科学的なモデル化に完全に依存したものなのだ。

手前性の第一の意味であり、ハイデガーにとって最も重要な引き立て役、それは、フッサール的な意味における「現象」である。事物は、意識に対するアクセス可能性へと還元されると、カリカチュアと化したり、若きハイデガーが述べたように、「骨抜き」にされてしまったりする。このことはたしかに、フッサールが説明する意味での知覚には当てはまるが、理論的態度についてのフッサールのモデルには、ある程度しか当てはまらない。フッサールの主張を思い出そう。彼によれば、対象の形相についての洞察は、感覚的直観でなくカテゴリー的直観からしか生じないものであり、そのカテゴリー的直観は、実在への直接的というよりもむしろ間接的なアクセスを必要とするものだったのである。とはいえ、少なくともフッサールは、私たちが事物に適合した直観を獲得することが可能であると考えていたように思われる。この点で彼は、知覚と理論のいずれについて語るにせよ、事物を意識的現前へと還元するという罪を犯してしまっていたのだ。現象は、実際、私たちに対して現れるものである以上、手前にあるにすぎないものと化してしまう。フッサールがこれを美徳と見なしたのに対し、ハイデガーは、これが恐ろしい悪徳であることを知っていた。〔ハイデガーにとって〕事物そのものは、私たちとの関係から自立していなければならない。さもなくばそれは事物そのものではなくなってしまう。私たちはさらに、道具の実践的な扱いもまたこの〔手前性という〕カテゴリーに属していることを見てきた。というのも、実践的な扱いは、見つめることに劣らず、事物を表層的なカリカチュアへと変化させてしまうからである。要するに、事物が手前にあるものとなるのは、目視検査の対象として意識の内に配置されることによってではなく、関係の内にしか存在しないことが認められるからなのだ。そしてこのことは〔理論的観察のみならず〕実践的な用具にも等しく当てはまるのである。

ハイデガーが手前性について説明する第二のシナリオは、「壊れた道具」――無意識的には機能しなくなり、私たちの意識に入り込んでくるようになった道具――についての話である。今私の前に横たわっている壊れたランプや机、ハンマーは、私の無意識的な実践的行為からは独立しているかもしれないが、私からは決して独立してはいない。それどころか、いまやこれらはいずれも、意識における現象なのである。実践的使用の最中にあって意識されない道具がすでにある意味手前にあるものと見なされるべきだとするのであれば、同じことは、視界に侵入してくる壊れた道具には、よりいっそう当てはまるはずである。

　では、第三のケース、すなわち自然についてはどうか。これもまた同じことだ。自然科学によって定義される対象には、少しも独立したところがない。ハイデガーは、そうした対象は抽象物であって、世界にある事物を手前にある特徴へと還元してしまっているということ、そしてその特徴は事物の謎めいた退隠する実在性を摑み損ねているということを、何度も繰り返し強調している。事物の重さや長さを測り、その物理的特性を記述したり、時空間における客観的位置を記すとき、そうした性質が事物にとって有効なのは、それらが私たちや他の事物と関係している限りにおいてのことである。要するに、自然科学によって描かれる事物は、私たちの知識に依存した事物なのであって、地下にある未踏の実在としての事物ではない、というわけだ。ハイデガーは誰にもましてこのことを示した人物であったのである。他方で、存在者の手許性は、明らかに人間的使用と結び付いている。道具は孤立してはおらず、むしろ全体的体系の内にあるものだとハイデガーは付け加えているが、これをそのまま受け入れてしまえば、「道具」という語を文字通りに捉えすぎてしまうことになる。というのも、これまで見てきたとおり、事物の道具存在は、人間の理論や実践だけからでなく、どんな関係からも退隠しているのだから。どんな関係も、その〔関係〕項を翻訳ないし歪曲する。この点において、事物は、道具として機能している限り、すでに手前にあり、人間や周囲の道具への機能的効果へと還元されてしまっているのである。換言すれば、本当の対立は、道具と壊れた道具との間でなく、事物の退隠した道具存在と、壊れた道具および壊れていない道具との間にある、ということだ。機能している実用的な道具は、結局のところ、壊れた道具が人間の意識に対して現前しているのと同様に、人間の実践に対して現前しているのである。そしてこれらはいずれも、私たちにとっては不十分なものだろう。というのも、本書が求めているのは、存在する限りにおける事物であって、理論に対してであれ実践に対してであれ、現前する限りにおける事物ではないのだから。

B　時間なき時間性

ハイデガーの主著が『存在と時間』と題されている以上、彼には時間性について語るべきことがたくさんあると考えるのは当然である。彼は、時間とは存在の地平であると述べており、その他いくつかの論点においても、時間はたしかに、ハイデガーの思考における重要な役割を担っている。旧態依然としたリジッドな実体論を採らないハイデガーは、絶えざる流動として自己差異化する存在を擁護しているのだ、と考えるのは簡単なことなのだ。このことは、彼が存在を永遠と同一視する神学的なモデルを批判するのと同時に、存在を現前へと還元する様々な哲学をも絶えず批判していたことを考慮するなら、いっそう明白であるように思われるかもしれない。そうした哲学と反対に、ハイデガーが時間のダイナミズムを擁護していたことは否定し難いように思われるのである。にもかかわらず、驚くべきことに、以上の理解はいずれもミスリーディングなものである。というのも、ハイデガーは、実際には、時間について全く何も語っていないからである。彼の現前批判は、実のところ、過去や未来の時間と対立する意味における現在の瞬間へと向けられたものではない。それは、実際には、今この瞬間が、すでに多義性に包まれており、三つの仕方で（つまり、過去・現在・未来へと）バラバラに引き裂かれているという事態を示すことによって、現在の瞬間という概念を救い出すものなのである。ハイデガーがしばしば「時間とは、今＝点の継起（sequence）である」という考えを批判していることから、読者は、同じ不満を述べたベルクソンを思い出すことがあるかもしれない。だが興味深いことに、二人の思想家はおそらく、この不満を反対の理由で述べている。ベルクソンにとって時間が今という点の継起でないのは、孤立した今といったものや、他のあらゆるコマから区別される孤立した映画的なコマのようなものが存在しないからである。しかしハイデガーにとって、今＝点の継起という考えの真の困難は、今でなく、継起の方にある。彼が最も嫌ったのは、時間における瞬間とは、後続の瞬間のために消えていくことになる、手前的瞬間（present-at-hand instant）である、という考えなのだ。ハイデガーは、反対に、個々の瞬間はすでに十分、詳細な分析に値するほどに魅力的だと考えている。彼にとって、時間性の構造は、孤立的今＝点をなめらかな時間の流れに変形させることとは何の関係もなく、孤立的瞬間をかつてないほど多義的で興味深いものとすることに深くかかわるものなのである。

　ハイデガーの時間性という概念は、第一義的には、手前性という概念の価値を貶めるために考案されたものである、ということはつねに心に留めておかねばならない。私たちは、意識に居座っているにすぎない単調なイメージの代わりに、様々な要素の間の動的な緊張を手にしているのである。

私の部屋には、机、椅子、暖炉、ソファーなどがある。こうした事態の内に、どこか非常に劇的な働きが存在するのだ。この部屋にある家具は、私によって創造されるわけではないのに、私が部屋に入ったまさにその瞬間からこの部屋に置かれている。そして私はまた、自分自身の過去の歴史を創造するような力をもっているわけでもない。つまり、私は自分を世界の内へと投げ入れられているものとして見出すということだ。とはいえ、私はただ投げ入れられているだけではない。この部屋にあるのは、自明で退屈な現前の集合にすぎないものではない。というのも、私自身の実在が、それらの事物の私への現れ方に影響を与えるからである。子どもや犬、アリであれば、私と同じ仕方でこの部屋に出会うことはないだろう。私が出会う事物は、私自身の可能性によって投企されており、その可能性は、他のどんな生物の可能性とも異なっているのである。言い換えれば、部屋にいる存在者たちは、二つの異なる方向へと引き裂かれているということだ。存在者たちは、部屋の状況に先立って存在する一方で、自らの意味を、私に固有の様々な潜在性（potentialities）への指示によって獲得している。被投性と投企というこの二つの契機こそ、まさしくハイデガーが「過去」と「未来」という語によって表しているものなのである。この二つの時間性は、現在に位置づけられた要素だけに関わるものである以上、現実の過去や未来とは何の関係もないものなのだ。

この点をもっと押し進めれば、魔女や魔法使い、あるいはたんに思考実験によって、突如完全に凍らされてしまったような時間が想像されるかもしれない。時間はもはや流れるのをやめ、ある一つの瞬間で立ち止ってしまう。注目すべきは、ベルクソンであればそうした思考実験がそもそも可能であるのかどうかを問題にしたかもしれないが、ハイデガーにとってそうした実験を妨げるものは何もないという点である。すると私たちには、最も反ベルクソン的性格を有する、時間の孤立した映画的コマが残されることになる。ハイデガーの理論もまた、この凍った時間の瞬間によって破られてしまうのだろうか。そんなことは全くない。彼の時間分析は、この場合でもなお完全にうまく機能する。というのも、この凍った瞬間においてさえ、私はなお、部屋にある様々な物体と出会い、あらかじめ与えられている私自身の身体を占め、私個人の歴史や私の先祖たちの歴史によってつねにすでに形づくられている心に住まうのだから。ハイデガー的な意味における過去が示しているのは、このことだけである。というのも、ハイデガー的な過去は、私たちの後に残される本当の過去ではなく、現在の瞬間において私たちが投げ込まれているもの全ての所与性にすぎないからである。同じことはハイデガー的な未来にも当てはまる。ハイデガーにとって、未来とは(レヴィナスが『時間と他なるもの』において指摘したように[一])、来るべき本当の未来とは何の関係もなく、過去に出会う者によって過去に付け加えられるものとしか関係しないものである。文字通りの未来を欠いた凍った瞬間という思考実験においてさえ、私はピカソやナポレオン、クレオパトラ、子猫とは異なる可能性を——たとえ私が彼らと同じ環境にいたとしても——「投企」する。実在的な過去や

〔一〕 Emmanuel Levinas, *Le Temps et l'autre* [1948], Paris: PUF, 1983, p. 64.(「時間と他なるもの」、合田正人編訳『レヴィナス・コレクション』所収、ちくま学芸文庫、一九九九年、二七六頁)。

未来が完全に消失してしまったとしてもなお、ハイデガー的な意味での過去や未来は完全な効力をもつだろう。そうした場合でも私はなお、自らにあらかじめ与えられている環境へと投げ込まれており、また私自身の潜在性に従って環境を解釈することで、私自身のいくらかをそこへと付け加えるだろうから。ハイデガーの言う時間性とは、どんな瞬間においても見られる多義性へと注意を促すものにすぎず、語の通常の意味での時間とは何の関係もないのである。

それゆえ、ハイデガーの主著のタイトルにある「時間」という語に騙されてはならない。ハイデガーはベルクソンやドゥルーズではなく、顕在的な事物の個別的状態をより深い流れや生成変化の運動からの不毛な抽象と見なすこともないのである。個別的な瞬間や存在者は、それらの全てにおいて作動している三重の多義性が忘れられてしまわない限り、ハイデガーにとって全く正当なものである。ある意味、このことはハイデガーが、「瞬視」(Augenblick) に鋭い関心を寄せていたことからも、すでに明らかであるはずだ。ハイデガーが意図しているのは、孤立的な瞬間を個別的な点へと切り分けることのできない連続的流れに置き換えることではなく、あまりに単純化されてしまった瞬間を三つの方向へと引き裂かれる瞬間に置き換えることなのである。ハイデガーとベルクソンが時間について語るとき、彼らは二つのまったく異なった問題について考えている。実際、ハイデガー哲学を、機会原因論的な哲学の伝統と同一視することすら可能である。というのも、彼は瞬間を相互に切り離すことに何のためらいもないからだ。彼の思想には、ある瞬間を次の瞬間へと繋げるような原理は存在しない。というのも、ハイデガーは、驚くべき三つのドラマがどの個別的瞬間においてもすでに進行中であるということを示すことにしか興味がないからである。

C　ハイデガーの単調さ

以上が全てというわけではない。ハイデガー哲学の他の多くの主題も、「時間」を装った多義的な三重構造へと解消することができる。ハイデガーは、大いなる多様性の思想家というよりも、パルメニデスに近い人物であって、その偉大さは、思想の非常に反復的な単純さのうちにある。ハイデガーの著作には、至るところで繰り返される三重構造を見出すことができるが、それらはどれも、上述の時間の場合と同様の三重性に帰着することになる。状況は与えられる（過去）が、存在者に応じて異なった仕方で解釈される（未来）。そしてこの二つが結合することで、現在の、新しい多義的なモデルが生じるのである。こうした三重構造に頼りきっているために、ハイデガーの方法は、たいていの場合、拡張というより収縮であり、その結果、彼の主題の範囲は、驚くほど限定的なものとなっている。この事実をよりよく理解するため、ハイデガーが様々な具体的実在を論じようとして失敗した二つの試み――動物的生にかんするものと技術についてのもの――を取り上げてみよう。

動物的生についてのハイデガーの最も詳細な分析は、有名な一九二九／三〇年のフライブルク講義――『形而上学の根本諸概念』(26)――のうちに見出すことができる。この講義が、ハイデガーの最も愛されている著作のうちの一つであるのは、おそらく、その主題がとりわけ具体的に感じられるものだからだろう。同書の退屈論には、彼の最も優れた現象学的記述のうちのいくつかが含まれている。小さな田舎の駅での暇つぶしや、豪華だがうんざりするようなパーティー、ヨーロッパの都心部の陰鬱な日曜日などのことである。そして彼の動物的生についての議論には、蜂の研究から引き出された、多くの魅力的な逸話が含まれている。例えば、蜂の腹を給餌中に割く話や、蜂たちの留守中に研究者が巣箱を移動させることで彼らを意図的に困惑させたりする話などのことだ。しかし、そうした逸話が具体的であるからといって、ハイデガーの主題がより具体的であると考えるのは誤りだろう。とりわけ、同書における、人間・動物・石という三つの区分は、非常に抽象的なものに留まっている。ハイデガーによれば、人間は世界を有しており、石は無世界的であり、動物は世界「貧乏的」である。動物の貧窮は、彼が解決するどころか、明確にすることすらできなかった問題である。〔たしかに〕ある意味、石と人間の差異は、常識にとっても十分明らかであるように思われる。石は因果関係によって盲目的に世界の中をあちこち移動させられるのに対し、人間は世界を世界「として」眺めている。だが、この点を受け入れたとしてもなお、ハイデガーには、この「として」を二つの意味で用いているという問題がある。すなわち、彼はこの語によって、実在へのあらゆるアクセスの仕方を指示すると同時に、ある認識の形式がその他のものより優れていると判断するための基準をも示しているのである。もちろん動物も、幾分粗雑な仕方で、世界「としての」世界に出会っているはずである。そうでなければ、動物は、石と同じ類のものと化してしまうだろう。しかし人間は、より高次の形態の「として」構造を、哲学者は平均的な人間よりも一層高次の形態の「として」を有するものと想定されているのである。問題は、ハイデガーが、動物的生についてのどの議論においても、実在と実在「として」の実在との間にある単調な相互作用について繰り返すばかりで、それ以上のことを何も語っていない点にある。彼はこの非常に抽象的な図式を、多種多様な存在者を説明可能な理論へと発展させることに、結局成功しなかったのである。

次の話題は、ハイデガーの技術論だ。これは、多くの人々から不当にも賞賛されてしまっている。技術についてハイデガーはあまりに悲観的である、と不満を述べるのは簡単だろう。だがこの批判もまた、正当ではあっても、問題の根幹を捉えてはいない。というのも、ハイデガーが技術に対して極度の楽観主義者であったとしても、問題の深刻さは変わらないだろうから。問題は、ハイデガーが技術に対して辛辣にすぎるということよりもむしろ、彼が技術について十分詳細に論じていないことなのだ。そうした態度の兆候は、機械化された農業はガス室における死体の生産と形而上学的には異ならない、という恥ずべき発言のうちに表れている。ヒロシマはそれほど重要な出来事ではない——というのも、原爆は、実際には、現実の炸裂よりもずっと以前に、つまりは、古代に存在忘却が始まったときに爆発したのだから——という主張[27]もその一つの表れだろう。ハイデガーは、

(26) Martin Heidegger. *The Fundamental Concepts of Metaphysics: World – Finitude – Solitude*. Translated by W. McNeil & N. Walker. (Bloomington, IN: Indiana Univ. Press, 2001.)〔『形而上学の根本諸概念——世界-有限性-孤独』(ハイデッガー全集第二九/三〇巻)、川原栄峰、セヴェリン・ミュラー訳、創文社、一九九八年〕

個々の人間や様々な動物種を互いに区別できなかったが、様々な技術的人工物を区別することもできなかったのである。要するに、ハイデガーが本当に示しているのは、十分に成熟した技術論ではなく、別の形で述べられた手前性への不満にすぎないのだ。技術は、事物が本来あるべき姿にあることを許さず、事物を脱神秘化し、人間の目的に応じて操作可能な、手前にあるものという計算可能な備蓄品へと変えてしまう。この点において、ハイデガーの技術批判は、哲学史に対する彼の不満――哲学の歴史は特権的な存在者が他の全ての存在者を説明するために用いられ続けられる手前性の終わりなきパレードにすぎない――と何ら変わりないのである。

　言い換えれば、ハイデガー哲学は、そのほぼ全てが、手許性と手前性、あるいは道具と壊れた道具という繰り返し登場する二元論へと解消されてしまうということだ。ハイデガーは、あらゆる表象から退隠する実在と、実在がつねにそこへと還元されることになる現前とに取り憑かれている。そして彼は、哲学史と日常生活のほぼ全てを満たしているそうした現前を巧みに見抜いていたのである。実際、ハイデガーの全著作において鍵となっているテクニカル・タームは、存在でも時間でも無でも出来事でもなくブロース――ドイツ語で「たんなる」あるいは「たんに」の意――であると言えるほど、彼は現前概念を絶えず非難している。ハイデガーが「たんなる」と言うとき、それはつねに、あらゆる状況に纏わり付いている手前性というバイアスへの批判なのである。彼は、例えば、存在者が、部屋を満たしている物のたんなる総和でないことや、ヘルダーリンが翻訳した『アンティゴネー』における、「不思議なものは数あれど……」と始まる合唱歌が、利用可能で不気味な存在者のよせ集めではないということを喜んで語っている。現前と不在の循環へのこうした執着には、一つだけ例外があることがこれから明らかになるだろう。ハイデガーの思想には、奇妙な第二の軸があるのだ。すぐに述べるとおり、この第二の軸こそが、後期ハイデガー哲学に見られる謎めいた四方界を生み出すことになるのである。

D　道具存在の実在論

哲学的実在論への抵抗は、通常、単純だが根強い次のような考え方に由来するものである。「私たちが人間の思考の外にある世界を思考するにしても、そのとき私たちはそれを思考しているのであり、したがってその世界はもはや思考の外にあるものではない。この循環から抜け出そうとする試みは、どのようなものであれ、矛盾に陥る運命にある」。これは単なる言葉の綾ではなく、〈人間的アクセスの哲学〉と呼びうるような、今日に至るまで長く続く哲学的伝統が——暗黙裡であれ明示的にであれ——つねに抱いてきた信条である。こうした議論は、二世紀前、ドイツ観念論において初めて開花したものであるが、現在でもなお、多くの分野において、哲学的厳格さの金字塔と見なされている。この無慈悲で大胆な議論とは対照的に、実在論への訴えは、どんなものであれ、退

（27） Martin Heidegger, *The Question Concerning Technology, and Other Essays*. Translated by W. Lovitt. (New York: Harper & Row, 1977.)〔『技術への問い』、関口浩訳、平凡社ライブラリー、二〇一三年〕

屈なブルジョワによる反動的で興ざめな振る舞いのような印象を与えがちである。スラヴォイ・ジジェクの場合を考えてみよう。彼は、おそらく、今日の大陸哲学の世界を代表する突出した人物であり、上述の反実在論的論証を断固として支持する者でもある。公刊されたグリン・デイリーとの対談のなかには、この論点についての数多くの主張を見出すことができる。例えば、ジジェクはこう述べている。「ここで私は恐ろしいことを述べようと思います。いくらかの人々、特に古い時代を扱う哲学史家であれば、私を叩きのめしたくなることでしょう。私の主張は、カントが最初の哲学者であったというものです。超越論的転回によってカントは、私たちがそれ以前の哲学の全てのカノンを振り返ることができるような空間を切り開いたのだと私は考えています。カント以前の哲学では、そうした超越論的な側面を考えることができないのです[28]」。驚くべきことに、彼はこうも述べている。「私たちの知覚による歪曲の彼方に何らかのヌーメナルな実在があるというのは、唯物論の本当の考えではありません。唯一の首尾一貫した唯物論の見解は、世界は存在しないというものなのです［……］。実証的宇宙としての世界という概念は、外的な観察者、すなわちその世界の内に捕らわれてはいない観察者を前提にしてしまっているのです[29]」。

　ジジェクは今後の哲学の展望について、著しい対比を提示している。一方には（ジジェクにとってはまだ本当の意味では哲学ではない）前カント的な実在論とそれに付随する客観的かつ科学的な世界の存在論とがある。他方には、ジジェクが好む代案があり、そこではカントの超越論的転回が決定的に重要な進歩と見なされ、何らかの外的な観察者から離れて「ヌーメナルな」世界が存在するという主張は否定されることになる。そしてこの立場は、実在的な世界を拒否するにもかかわらず、奇妙にも「唯物論」を自称するのである。思想家としてのジジェクの全く本能的な好みについては賞賛するところであるが、今述べた彼の立場は、事実とは真逆のものである。とはいえ、目下の主題はジジェクではない。というのも彼の立場は、今日の前衛的な反実在論的哲学を代表させるにはあまりに特殊なものだからだ。ジジェクを引いたのは、現在の哲学の大部分のエネルギーや勢いが依然として、私たちは何かを思考することなしにその何かを思考できないという主張を支持しているということ、そしてそのために私たちは思考という脱出不可能な閉じた循環へと連れ戻されてしまっているということ、これらを示すためにすぎない。私に同意して、こうした立場は狭苦しい空間に閉じ込めようとするハニートラップだ、と言うのではなく、多くの人々は、この立場を、哲学的な厳密さの条件そのものであると賞賛し、浅はかな常識によって騙された無反省な人々によって支持される「素朴実在論」と比較してしまうのである。しかし私がジジェクとその同盟者たちの閉じた循環からの脱出を呼びかけるとき、それは往年の、埃まみれで抑圧的な実在論の名の下においてではなく、人間と世界との循環が擁護し得ないほどの隘路であることを示す怪奇実在論（weird

（28） Slavoj Žižek and Glyn Daly, Conversations with Žižek, p. 26.（Cambridge UK: Polity Press, 2004.）Emphasis added.〔『ジジェク自身によるジジェク』、清水知子訳、河出書房新社、二〇〇五年、四〇頁〕
（29） Ibid., p. 97.〔邦訳一三七―一三八頁〕

realism〉の名の下においてである。この節の残りの部分では、〈人間的アクセスの哲学〉が不十分で誤っていることを示したいと思う。

まずは、〈アクセスの哲学〉が、日常的な常識の基準からは、到底信じ難いものであるという明白な事実の指摘から始める必要がある。この事実は、自明とされる常識への攻撃であるばかりでなく、哲学者にとっての誇りでもある。バークリの主著の有名な一節を思い出そう。「家や山、川、一言で言えばあらゆる可感的対象が、悟性によるそれらの知覚とは別に自然的ないし実在的な存在を有しているという見解は、実際、人々の間で奇妙にも広まっているものである」[30]。バークリは、常識の想定を揺るがすことに喜びを見出しているが、これと同じ喜びは、ジジェクを含む後の人々のうちにも見て取ることができる。しかしもちろん、こうした立場は、ただ衝撃を与えることだけを目的とするものではなく、あらゆる哲学的知識の基礎となる厳密な第一原理を打ち当てることを目指すものである。「家や山や川」で満たされた広大な王国が無情にもバラバラにされてしまうのは、演繹のためなのである。とはいえ、この立場の長所は、同時にその短所でもある。というのも、もっともらしさや人間を超えた射程を剝ぎ取ったとき、〈アクセスの哲学〉の妥当性は、もっぱら優れた演繹的厳密さの要求に依拠するものとなり、そうした厳密さが存在しないことが判明したとき、この立場に有利に働く要素はほとんどなくなってしまうからである。

宇宙は、空間的にも時間的にも巨大であるように思われる。宇宙は、私たちの猿型の先祖や他のあらゆる生命形態よりも古い。そしてまた、そこにいる何兆もの存在者は、人間に観察されていないときでさえ、様々に関係し争いあっていると想定することも健全であるように思われるだろう。私たち人間が私たち自身にとってどれほど興味深いものであろうと、私たちはこの宇宙のドラマの中心にいるようには決して思われない。私たちは平凡な恒星の近くにある平均的な大きさの惑星で孤立し、宇宙の歴史のごくわずかな部分に留まっているにすぎないのである。こうした明白な事実は全て、カントのコペルニクス的哲学やその継承者のせいで、優れた厳密さの犠牲となってしまう。人間の存在の彼方にある時間や空間についての言明は、人間による言明なのであって、それゆえに、私たちは先に述べたのと同じ循環に陥ってしまうというわけである。(31) これは大きな哲学的賭けであって、その他の知識をその上に築くことができるような、揺るぎない第一原理への欲望によってのみ正当性されるものである。だが、この原理の意外な弱点の考察へと進む前に、哲学は幾何学ではないということを指摘しておかねばならない。たしかに、幾何学のような演繹的な学問において、知識は確固たる第一原理からの演繹によって進展する。だが、たとえそうした原理が幾何学において厳密であると想定するにしても（もっとも、幾何学の基礎付けはいまだ論争の的となっているのであるが）、哲学がこれと同じ方法に従いうるのか、あるいは従うべきであるのかどうかは全く明らか

（30） George Berkeley, *A Treatise Concerning the Principles of Human Knowledge*, §4. (Indianapokis: Hackett Publishing, 1982.)〔『人知原理論』、大槻春彦訳、岩波文庫、一九五八年、四五頁〕

（31） この論証は、『有限性の後で』（pp. 10 ff.〔邦訳二四頁以下〕）の「祖先以前性」と「原化石」についての優れた議論において、メイヤスーが要約している。

ではない。というのも、第一に、幾何学においてはたった一つの誤った演繹が証明の連鎖の全体を無効とするのに対し、哲学的知識の様々な段階は、それに先行するものや後続するものからより自立的なものだからだ。つまり、プラトンやアリストテレスの第一原理に重大な誤りを見つけたとしても、彼らが導いてくれる洞察からはなお利益を得ることが可能なのである。また第二に、幾何学が点や線や形の本性から推論を行うのに対し、哲学は、宇宙を全体として理解しようとする。そして哲学が宇宙を理解し損なうのは、最初の原理の誤りや誤った推論のためでなく、その主張があまりに抽象的な場合である。パルメニデスが「あるものはあり、ないものはない」と述べるとき、問題なのは、彼が常識に背いていることではなく、誤りというよりもむしろ無益さへと向かってしまう、この第一原理の全く不十分な性格なのである。

こうしたことをホワイトヘッド以上に明確に見抜いていた者はいない。『過程と実在』冒頭には、有名な感動的一節がある。

次のようなことは、昔から言われてきた。すなわち、哲学の体系というものは、その誤りが証明されることは決してなく、ただ断念されるものなのだ、と。というのも、論理的矛盾は、心の一時的な——とはいえよくある——不注意を除けば、誤りの中では最も無害なものであって、大抵の場合、瑣末なものだからである。それゆえ、批判を経た後で、哲学体系が、たんなる非論理性を示すことはなくなる。哲学体系は、不十分さや一貫性のなさに苦しむことになるのである。(32)

ホワイトヘッドは次のように続けている。「合理主義的な図式の正しさは、その第一原理がもつ特異な確実性ないし初めの明晰さのうちでなく、一般的な成功のうちに見出されるべきである」[33]。結局、「形而上学的カテゴリーとは、明白なことについての独断的な言明ではなく、究極的な一般性についての暫定的な定式化なのである」[34]。ホワイトヘッドの基準から判断すると、〈アクセスの哲学〉は誤った考えであるように思われる。〈アクセスの哲学〉は、自らの威信の全てが「私たちは、ヌーメナについて考えるとき、それらをフェノメナへと変換しており、それゆえに哲学が扱えるのはフェノメナルなものだけである」という原理に認められる確実性と明晰さにかかっていると主張する。そうすることで、この哲学は、無生物的対象間のあらゆる関係を、人間がその関係を目撃するための条件へと還元する。哲学には実在全体を知るという責務があるにもかかわらず、〈アクセスの哲学〉はまさにその実在を、人間が直接利用可能なごくわずかな部分へと還元してしまう。こうして、〈アクセスの哲学〉はその不十分さを露呈し、やがて訪れる自らの破滅の種をまくことになる。ホワイトヘッドの主張は、完全な「論証」にはなっていないかもしれないが、〈アクセスの哲学〉にはどこかおかしいところがあるという警告を発しているのだ。

（32） *Process and Reality*, p.6.〔『過程と実在』（ホワイトヘッド著作集第一〇巻）、九頁〕
（33） Ibid., p.7.〔『過程と実在』（ホワイトヘッド著作集第一〇巻）、一二―一三頁〕
（34） Ibid.

とはいえ、人間と世界の循環は論証としてさえ強力なものでないと私は主張する。再び木の例を取り上げてみよう。私たちは、私たちに現前している木に加え、木についての思考から区別される木についても語りたいと思うこともあるだろう。「しかしそれは不可能だ」とその論証は言う。「というのも、木を思考されていないものとして思考する際、私はそれを思考しており、このことは私が初めにすると言っていたことに矛盾するからだ」。この主張からは二つの推論を引き出すことができる。一つは強く、もう一つは弱いものである。強い方は、バークリやジジェクがともにそう考えているように、私たちは人間と世界の対の外には本当に何もないと主張する。弱い方は、より懐疑的な立場を採って、私たちは人間と世界のペアの外に何かが存在するかどうかを知ることができず、それゆえに思考をこのペアの外へと進めることはできない――つまり、どんな思考も、実際のところ、思考についての思考でしかない――と主張する。さて、強い方の主張に反論するのはとても簡単である。ここ数十年の間では、オーストラリアの論争好きの分析哲学者、デイヴィッド・ストーブの議論が有名だ[35]。ストーブは、哲学史上最悪の論証の候補を募って、以下のような理由から、絶対的観念論の論証に賞を与えることを決定した。これは現在では皮肉をこめて「ストーブのジェム」として知られている。問題は次のようなものだ。木についての私の思考は、私が木を考えていることなしに存在しえない、と言うのはトートロジーにすぎない。だが、このことから、私がそれを考えていることなしに木は存在しえないと結論するのは、トートロジーの範囲を超えている。そしてもちろんトートロジーからは、トートロジカルでない結論に至ることはできない。実際、まさしくこのような問題があるからこそ、大抵の人は、絶対的な主張――いまなおジジェクの著作には清々しいほど率直な形で提示されている――よりも、より弱い懐疑的な立場の方を好むのである。

言い換えれば、多くの人々は、「思考がなければ存在はない（there is no being without thinking）」という言明は正当化されないことを認めるが、それでもなお、「思考がなければ思考はない（there is no *thinking* without thinking）」という一見より厳格にみえる主張には、歩み寄ってしまうということである。木について思考することは、思考の外に木はないということの証明にはなっていないだろうが、思考の外に木についての思考はないということを実際に証明している、というわけである。このような仕方で、哲学はなお、思考の循環に捕われ続けてしまう。この戦略に対抗して、私はこう言いたい。「思考なき思考はない」という表現は、無害なトートロジーではなく、絶対的観念論の立場と全く同様に、トートロジーの範囲を超えた狡猾な裏工作のために用いられているものなのだ、と。

このより弱い〈アクセスの哲学〉は、バークリやジジェクよりも用心深いものであると自称する。バークリやジジェクが率直に、私たちが世界に対峙することの外部に世界が存在することはないと述べるのに対し、弱いバージョンは、たんにこう言っているにすぎない。「そうした世界が本当にあるかどうかを知るのは誰なのか。私たちが主張しているのは、思考されることで世界は直ちに思

（35） Davis Stove, *The Plato Cult and Other Philosophical Follies.* （Oxford: Blackwell, 1991.）

考の対象と化す以上、世界を思考する方法は存在しない、ということにすぎないのだ」と。だが、この主張の帰結には注意が必要である。〈弱いアクセス〉の立場は、私が「思考されていない限りにおける木」について言及しているとき、これはそれ自体、一つの思考なのだと主張する。そしてこのことから、私が（a）「思考されていない限りにおける木」と言うとき、私が本当に意味しているのは、（b）「思考された限りにおける木」であるということが帰結する。というのも、（a）はすでに一つの思考だからである。これら二つの言明は、同義的なものとして扱われるというわけだ。要するに、〈弱いアクセスの哲学〉は、「思考されていない木」という表現を、たんに誤っているだけでなく、無意味なものと見なしているということである。そしてそれゆえに、懐疑論者はただちに絶対的な観念論へと転じることになる。というのも、「事物それ自体」という表現は、どんな可能な意味も欠いており、「私たちにとっての事物」の別の言い方でしかないからである。しかし、この問題はさらに別の角度から考えることも可能である。というのも、「思考の外の木」が「思考の外の木についての思考」と同じものを意味していると考えるのは誤りだからだ。前者において、私ははっきりと、木についての私の思考から区別される木を指示している。というのも、ここでその木の性質は謎のままであり、少なくとも部分的には知られていないのだから。対照的に、後者においては、全てがすでに手の届くところにある。というのも、ここで私が語っているのは、木についてのアクセス可能な思考についてであって、その思考の外にある隠れた木についてではないからである。

誰かが「私はオバマを理解できない」と言ったとして、以下のように応じるのは馬鹿げている。

すなわち、「あなたは自己矛盾している。なぜなら、あなたは、オバマを理解していないと主張しながら、たったいま彼について話したのであり、このことはあなたは彼が誰であるかを理解していることを証明しているからだ」と。この状況は、メノンのパラドックスとして知られているものと同じものである。[36] すなわち、(a) もしあなたが求めているものを知っているなら、それを求める必要はない。(b) あなたが求めているものを知らないなら、それを求めることは不可能である。(c) それゆえ、探求は、無意味であるか不可能であるかのいずれかである。ここに想定されるパラドックスは、語義の曖昧さに基づくものとして、最初はソクラテスによって、次いで多くの論理学者によって長い間繰り返し非難されてきた。というのも、何かを知るということは、一方でそれを詳細に知るということと意味するが、しかし他方、たんにそれが何であるかということをいくらかわかっていることをも意味するからだ。言い換えれば、オバマを知っているがオバマを知らないということに、真のパラドックスは存在しないということである。というのも、これら二つのケースで、「知る」という語は二つの異なる意味で用いられているのだから。ソクラテスによって提示された解決策は、いまなお真の解決策であり続けている。私たちは主題についていくらかは把握しているが、それは決して完全なものではない、と考えれば良いのである。

プラトンを学んだ者にとって、この事実は、何世紀もの間馴染み深いものであり続けている。だ

(36) Plato, *Meno*, 80d-e.〔『メノン』、藤沢令夫訳、岩波文庫、一九九四年、四五—四六頁〕

が奇妙なのは、〈アクセスの哲学〉の主張がメノンの主張と非常によく似たものであるという点である。というのも、〈アクセスの哲学〉は、次のように主張するからだ。(a)思考されないもの(unthought)は、思考されている限り、思考されえない(というのも、その間、それは一つの思考だろうから)。(b)また(明らかに)、思考されないものは、思考されていない限り、思考されえない。したがって、(c)思考されないものについての思考はありえない。しかしここでもまた、「思考」は、二つのケースにおいて、全く異なる意味で用いられているのである。何かについて思考することは、それを心に対して現前させることであるが、それだけでなく、その何かが心への現前を越えて存在する限りにおけるその実在を指し示すことでもある。これに相当する指摘は、分析哲学における最も偉大な著作の一つであるソール・クリプキの『名指しと必然性』にも見出される[37]。クリプキにとって、名前とは「固定指示子」であり、これはあらゆる可能な記述を越えた実在を指し示す(ないし規定する)ものである。例えば、私たちは、クリストファー・コロンブスを「アメリカへはじめて渡航したヨーロッパ人」と定義できる。しかし、この言明が後にカナダでヴァイキングを研究する考古学者たちによって反証されるとしても、私たちは、「だとすれば、コロンブスはもはやコロンブスではない」と言う代わりに、こう述べるだろう。「アメリカを発見したのは実はコロンブスではなかったということが判明した。ヴァイキングこそが、最初の発見者だったのである」と。言い換えれば、たとえコロンブスについての記述が実際には誤りであったのだとしても、私たちは、最初から本当にコロンブスについて語っていたのである。

選択肢は、何かについて語るか語らないかの二択だけではない。私たちは皆、あまり多くを語らずとも事物について語る方法を知っている。そう、事物を暗示する（*allude*）ことである。暗示は、語る場合だけでなく思考においても生じる。「思考の外にある木」と言うことは、思考についての成功した言明でも、事物についての失敗した言明でもない。この言明は、実在的であるかもしれないが完全には現前しえない何かに対する暗示なのである。そしてまさにこのことが、哲学がフィロソフィア——知そのものというよりもむしろ知を愛すること——である理由なのだ。哲学が思考についての知であることを〈アクセスの哲学〉が望むのは、実際には哲学が思考の彼方にあるものの知への愛であるからなのである。そういうわけで、私たちはバークリの一節をこう書き換える必要がある。「家や山に川、一言で言えばあらゆる可感的対象は、悟性によるそれらの知覚とは別の自然的ないし実在的な存在をもたないという見解は、たしかに、現代の哲学者たちの間で、奇妙にも広まっているものである」と。

（37） Saul Kripke, *Naming and Necessity.* (Cambridge, MA: Harvard Univ. Press, 1996.)〔『名指しと必然性——様相の形而上学と心身問題』、八木沢敬・野家啓一訳、産業図書、一九八五年〕

第五章　間接因果

本書はこれまで対象を、自力で存在するものとして、つまり他の事物との関係から自立的に存在するものとして描いてきた。しかしそうすると、対象はそもそもどうやって作用し合うのか、という疑問が生じるかもしれない。というのも、対象の完全な自立性を主張しつつ対象間に何らかの関係を認めることはできないし、対象の自立性は不完全だと言うにしても、そうした自立性のあるべき姿には、まだ説明が与えられていないからである。〔とはいえ〕事物が実際に相互作用しているように思われることが明らかである以上、これは見かけ上の問題にすぎないように思われるかもしれない。〔そもそも相互作用していた〕対象を再び接触させるためだけに分離することに、どんな意味があると言うのか、というわけである。しかし重要なのは、対象が完全な接触状態に戻ることは決してないという点である。というのも、対象の実在性は、対象同士の関係に完全に汲み尽くされることはないのだから。世界を関係の体系にすぎないもとの見なし、対象と関係のパラドックスを消し去ろうとするのではなく、対象それ自体の内に働いている分極を理解しなければならないのである。

そして、いま到達したこの地点には、哲学の伝統的問題が数多く集まっている。というのも、対象と関係との差異には、対象と偶有性（accident）の差異や対象と性質の差異が伴っているからだ。事物はある意味、様々に異なる特徴をもっているが、別の意味ではそうではない。というのも、どの事物も一つの事物なのだから。一つの対象が複数の特徴をもちかつもたないということは、いかにして可能なのか。対象が統一された極である一方、その性質は多様である限りにおいて、ここで私たちは、一と多をめぐる古くからの問題に直面していることになる――ただし、ここで「一」とは、各々の個別的単位のことであり、一塊の宇宙のことではない。さらにまた、実在的対象が経験の外部で実在性をもつ一方、感覚的対象は経験の内部にのみ存在する限りにおいて、私たちはある種の心身問題にも直面していることになる――ただし、すぐに示すとおり、これは人間の心だけの問題でも、さらに言えば、動物の心だけの問題でもない。そしてこれらの問題はいずれも、対象と他の四つの項――偶有性・関係・性質・瞬間――との分極に関係するものである。

A　機会原因論と懐疑論

哲学において、間接因果とは、新しい主題ではなく、むしろ非常に古い起源をもつ問題である。古代世界は因果について、二つの有力なモデルを生み出したと言うことができる。すなわち、新プラトン主義が因果を鉛直的に捉え、高次の世界から低次の世界への発出を主張した一方で、アリストテレス的なモデルは、水平的な因果を個別的実体間に認めていた。だが第三の選択肢が、イラクの初期イスラム神学を通じて哲学に参入する。機会原因論のことだ。コーランの章句には、自然に生じたように見えるが実際には直接アラーによって引き起こされた、そうした重要な作用の存在を説くものがある。アブー・アル＝ハサン・アル＝アシュアリー率いるバスラの神学者たちは、そうした詩句から多くの帰結を引き出し、アラーだけが、他のあらゆるものに対して直接働きかけることができるのだと主張した。このいわゆるアシュアリー学派の学者たちは、神によるあらゆる関係の独占という考えを支持したのである。被造物は島のようなものとして描かれ、他の被造物からだけでなく、自らの偶有性からも切り離された結果、その偶有性は神から与えられねばならないものとなった。さらに、持続までもが偶有性と見なされたため、創造された対象は、本質的に持続しえないものと見なされることになった。つまり、どんな対象も、神が持続という偶有性を与え続けなければ、次の瞬間には消え去ってしまうというのである。このように、あらゆる出来事への神の直接的な介入を認めたことで、初期の機会原因論者は、神の全能性を驚くほど強調することになった。すなわち、神は2＋2を5にしたり、バグダッドの家で座っている人が同時にメッカのテントの中にいるようにしたり、何の理由もなく善人を地獄に、悪人を天国に送ったりすることさえできる、というのである。この意味において、イスラム教の機会原因論者は「非合理主義者」の派閥に属し、ギリシャ哲学を受け継いだイスラム教徒、特にアヴィセンナおよびアヴェロエスと対立状態にあった。

中世キリスト教哲学には、明確に機会原因論と呼べるような例は見当たらない。フランシスコ・スアレスの指摘によれば、トマス・アクィナスは、機会原因論の教説を批判するとき、その信奉者の名を一つも挙げていないという。（一五九〇年代に著述活動を行った）スアレス自身、誰が批判されているのか知らなかったようだ[38]。スアレスは、奇跡や、受胎時の新しい魂の創造以外に、神の介入を認めてはいなかった。だが実際には、彼の主張の中にも、機会原因論に近い側面がある。事物は直接触れ合うことはなく、互いの偶有性——スアレスは性質のことをこう呼んだ——によってのみ触れ合うという主張のことだ。とはいえ、このイスラム由来の教説がヨーロッパで強い影響力を持つようになったのはやはりデカルトの影響である。デカルトにとっての二種類の被造的実体、すなわち思惟実体と延長実体は、本性を異にするため、直接には相互作用できない。神だけが、二つの実体の間を橋渡しできるのだ。こうして生まれた心身問題は、イスラム神学にすでに存在した身身問題（body-body problem）の広大な射程と面白さに比べれば、いくぶん退屈なものである。これに匹敵する射程をもった問題がフランスにも現れたのは、コルドモワとマルブランシュが延長実体を粉砕し、結果として、無生物間の相互作用にも、デカルト哲学では必要とされなかった神の関与が求められるようになったときであった。「機会原因論」という用語はしばしば、非常に限定的な仕方で、つまり、神があらゆる瞬間に直接繰り返し介入していると主張するこうした一七世紀フランス哲学だけを指すためだけに用いられている。だがこの用語は、実際にはもっと広く、事物は直接でなく神を経由することによってのみ相互作用すると主張するあらゆる哲学にふさわしいものである。この意味では、スピノザやライプニッツ、バークリ、そして前世紀ではホワイトヘッドさえも、機会原因論者と呼ばれることになる。ホワイトヘッドは、神に秘められた「永遠的対象」という普遍的性質によってあらゆる対象が他の対象を対象化すると主張したからだ。(39) このような機会原因論は、歴史的に興味深いことは明らかであるものの、多くの人々にとって過去の遺物でしかないだろう。西洋の社会においていまなお、道端での犬の喧嘩から地面に落ちる土埃の一粒一粒に至るまでどんな些細な出来事にも神の手が加わっている、などと考えている人に出くわすのは非常に稀なことである(もっとも、私の第二の祖国であるエジプトではそうでもないのだが)。

しかし現代においても、もっと威信のある、もう一つの〔機会原因論的〕哲学がある。簡単に言えばそれは、裏返しの機会原因論、あるいは逆さまの機会原因論である。私が念頭においているのは、ヒュームに代表されるような経験論ないし懐疑論の哲学のことだ。機会原因論が実体の存在を認めつつ実体が相互に関係する可能性を否定するのに対し、経験論はこれと逆の操作を行う。すなわち、関係から出発しつつ関係が独立的実体を伴うことの必然性を否定するのである。印象や観念の間の

---

(38) Francisco Suarez, *On Efficient Causality: Metaphysical Disputations 17, 18, and 19*. Translated by A. Freddoso. (New Haven: Yale University Press, 1994.)

(39) Whitehead, *Process and Reality*. 〔『過程と実存』前掲書〕

繋がりの存在は、ヒュームにとって問題とならない。そうした繋がりは、恒常的な連接を通じて作り上げられた習慣的な繋がりとしてつねにすでに存在するものだからである。リンゴとは、貼り合わされた諸性質の束につけられたニックネームにすぎない。しかし人間の習慣は、実際にそうした性質の貼り合わせを行っている、というわけである。これは明らかに機会原因論と対立する主張であるが、両者の間にはある共通点が存在する。両者はともに、単一の存在者による関係の独占を認めているのである。あらゆる関係は神を経由するという機会原因論者の主張は、現在では、容易に笑い飛ばすことができるだろう。しかしその代わりに、あらゆる関係は人間の経験を経由する、と主張するなら、笑われることはない。後者は一見、前者よりも厳密な主張であるように思われるかもしれない。私たちはみな人間の経験に直接アクセスできるが、神への直接的なアクセスが可能だと主張するのは一握りの神秘家だけだからである。しかし根本的な考え方は、どちらの場合も同じである。すなわち、関係は〔いったんは〕あらゆる存在者に対して否定される。しかし、それは見せ掛けにすぎず、結局はただ一つのものだけに関係が認められる、というわけだ。〔両者の違いは〕その一つのものが、宗教的な全能の神であるか、経験論者にとっての全能の神、すなわち人間であるか、という点だけなのである。

この点において、機会原因論の問題は実際には消え去ってなどおらず、ただ裏返されてヒュームとカントの立場になったにすぎないということは明らかであるはずだ。ヒュームとカントという二人の哲学者は、無難な主流派の哲学を、独断形而上学という野蛮な辺境地帯から守っているのである。二一世紀の現在でもなお、彼らの忠実な信奉者となって、研究者としてのキャリアを首尾よく積み重ねていくことは可能である。だが、いくつかの宗教団体を除けば、(例えば)アヴィセンナの哲学への忠実な信仰を宣言したところで、真面目に取り合ってくれる人はほとんどいないだろう。これはアクィナスでも同じだろうし、ライプニッツでさえそうなのである。

B　接触点

すでに見たとおり、実在的対象は互いに触れ合うことがない。実在的対象の実在性は、他の事物に何らかの衝撃を与えることでなく、対象がそれ自身であることのうちにのみ存している。対象は、性質の束ではない以上、その全性質を複製し束ねただけでは、事物を再現することはできない。そのようにして作られるのはせいぜい、一見本物に見える事物の似姿にすぎず、物自体ではない。だからこそ、どんな形の知識によってであれ、またどんな種類の翻訳によってであれ、十全に模造できるものなど存在しないのである。対象とは、第一義的には、使われるものでも知られるものでもなく、それ自身であるものである。対象の再構成は、宇宙に存在する対象それ自体の代替とはなりえない。この意味で、神が全知だというのもまた誤りであるという他ない。全知の存在者がいるとすれば、それはあらゆる事物を知るだけでなく、あらゆる事物である必要があるからだ。さらに、たとえ神があらゆる事物であるのだとしても、神は自分自身を完全に理解することさえできない。というのも、内省とは、外的な観察によって得られる知識と同じく、完全なものではないからである。このことは、対象指向神学を目指すどんな試みに対しても、深刻な問題をもたらすことになるだろう。そしてまた、認識論に対しては、すでに重大な帰結をもたらしている。というのも、このことは、様々な特徴のリストでもって事物を置き換えようとする科学的なモデル化の試みが決して成功しないということを意味しているからである。物自体へのアクセスは、間接的なものでしかありえないのだ。

こうした理論には、しかし、次のような反論があるだろう。どうして、事物は決して互いに触れ合うことができない、などと大袈裟なことを言うのか。そうでなく、事物は互いに部分的に接触しているようには思われないだろうか。結局のところ、本書は、ハンマーを使うとき、人間がいかにして、ハンマーへの部分的なアクセスをもつのかということについて延々と語り、そしてまた、綿を燃やすとき、火はいかにして、綿の――全体でなく――いくつかの性質に触れるのかということを考えてきたのではなかったのか、と。〔だが、本当の〕問題は、対象同士が、「部分的」に触れ合うことなどありえない、という点にある。というのも、対象は、ある意味、部分をもたないからである。事物は多くの性質で出来ているのだから、そのうちいくつかを感覚器官が捉えきれないのは実践上の制約にすぎない、といった話ではない。というのも、たとえある対象のあらゆる性質を完全に知覚できたとしても、その事物の本当の姿を再構成したことにはならないだろうから。対象であるとは、対象それ自体であることであり、その対象だけがもちうる実在性を宇宙において成立させることである。対象であるとは、何種類かの性質をもつことではない。そうした性質はせいぜい、対象を外から特定するための方法を教えるにすぎないからである。対象は、ライプニッツのモナドのように統一されているのだ。たしかに対象は、ごく小さな要素から構成されており、分離可能な部分と結び付いてもいる。しかし、だからといって対象は、下へと、つまりその部分へと還元できるわけでも、また上へと、つまり分析可能な特徴へと還元できるわけでもない。私たちは、たしかに、ハンマーや綿の玉のいくつかの部分（ないし性質）と接触しているように思われる。だがそう言ったところで、問題を先送りしているにすぎないのである。というのも、その場合、そうした部分がいかにして対象そのものに触れるのかということは、結局わからないままなのだから。

私たちは、実在的対象には決して触れることができないが、感覚的対象にはつねに触れている。感覚的対象は、私もしくはその対象を真剣に捉えようとエネルギーを費やしている他の主体（agent）に対して存在しなければ、そもそも存在することすらない対象である。ここで私たちは、これまで見てきた、対象とその性質との間にある四つの緊張とは異なるペアに初めて出会う。要するに、ここで私たちは、感覚的対象と直接に接触している実在的対象を手にしているのである。というのも、木や狼、ビーチボールとの関わりに真率に（sincerely）没頭している「私」は、実在的な私であって感覚的な私ではないからだ。私の生は、こうした対象への関わりに完全に没入したものなのである。実在的対象と感覚的対象のこうした接触は、本書が描く世界地図においては、他のどこにも同じものを見出すことができない特異なものである。というのも、実在的対象同士は、世界の暗がりへと永久にお互いから退隠しており、感覚的対象同士も、実在的対象によって偶然同時に経験されることで隣接するにすぎないからである。

無数の高層ビルやタワーが集まって形作られる、大都市の輪郭線《スカイライン》について考えてみよう。感覚的対象である限りにおいて、そうした建造物が互いに接触可能なのは、もちろん、それらを経験する仲介ないし媒介を通じてのみである。そしてまた、私は実在的対象としての建造物に接触することはできない。理由は単純で、実在的対象は、つねに互いから退いているからである。このことが意味するのは、私たちが、ある意味すでに、機会原因論が提起する因果性の問題を解決するための概略を手にしているということである。実在的なものの領域における接触は全く不可能であり、感覚的な領域での〔媒介的な〕接触は絶対的な要求なのだとすれば、因果は明らかに、経験という感覚的領域でしか引き起こされないはずである。あらゆる接触から退隠している実在的対象は、どうにかして、その感覚的なカリカチュアへと変換されねばならない。そして、そのようにして誇張されたプロフィールこそが、因果関係という、隠れた実在的事物の間では不可能な事態にとっての燃料の役割を果たさなければならないのである。感覚的領域で生じる出来事は、どうにかして、あらゆる経験の外部にある実在へと遡及的に影響を与える必要があるのだ。さらに、私は後ほど、あらゆる経験が人間的であるわけでも、さらに言えば動物的であるわけでもないと主張するつもりである。

C　接触の非対称性

次に、非対称性について少し述べておこう。実在的対象は実在的対象に触れることができない。

この点において、ハイデガーの道具分析は、機会原因論的なシナリオを復活させている。そしてまた、感覚的対象は、他の感覚的対象に触れることがなく、単一の経験の橋渡しによって、互いに隣接するにすぎない。こうした理由から、直接的な接触は非対称的なものでしかありえないのである。つまり、実在的対象が自らの経験する感覚的対象に触れるという関係だけが直接的接触なのだ。このことは、因果的接触ないし関係的接触はつねに対称的かつ推移的であるという、通常の想定に反しているように思われる。たしかに、ある対象が別の対象に触れているならば、後者も前者に触れざるをえないように思われるだろう。というのも、どんな作用にも、大きさが等しく逆向きの反作用があるからだ。深淵を覗き込むとき、深淵の方もこちらを覗いているというわけである。しかし、本書が展開するモデルによれば、こうした事態は生じない。どんな相互作用においても、そこに含まれる実在的対象はつねに一つだけである。私が木を知覚するとき、木の方もまた私を知覚しているかもしれない。だがそれは、私が木を知覚するのとは異なる関係の一部として生じることであって、同一の関係の反対の側面として生じていることではないのである。

一つの実在的対象といくつかの感覚的対象の間のこのような直接的接触が、これまで説明してきたような対象と性質の間の「緊張」とは異なる働きをもっていることは明らかである。緊張においては、すでに指摘したとおり、対象はその諸性質をもちかつもたないというパラドックスがある。熟したリンゴは、熟しているという性質を何らかの形で有しているが、その性質を獲得する以前と以後で、同一のリンゴである。つまり、リンゴは自らの性質から一定の距離をとっているということだ。だが、実在的対象と感覚的対象の接触の場合、事情が異なる。この場合、接触は直接的だからだ。感覚的な馬やダイヤモンド、メイポールは、私の前に直接現れるものであり、私はそれらに触れるために媒介を必要としない。対照的に、私が観察している家は、家自身の様々な感覚的プロフィールのいずれとも直接接触することがない。理由は単純で、この場合家は感覚的対象であり、またその偶有性はこの対象を経験する者にとってしか存在しないものだからである。私たちの出会う家や犬は、自分がどのような陰影、角度、雰囲気で私たちに対して現れるかということについて、全く関心をもたないのだ。このことから、次のような非常に魅力的な帰結が生じる。これまで私たちは、実在的対象についてのみ、互いに接触不可能であること、そしてまた相互作用のために媒介を必要とすることを述べてきた。だがいまや、このことは、対象と性質の間にある四つの緊張にも当てはまるように思われる。つまり、緊張関係においても、その両項が何らかの仕方で関係するためには、橋渡しが必要であるのかもしれないということである。

　ここまで様々な種類の対象と様々な種類の性質の間にある相互作用を整理せずに提示してきたので、読者が退屈したり混乱したりしていないか気がかりである。一九七〇年代初頭以来、素粒子物理学における標準模型が自然の内にあるたくさんの種類の素粒子や力を理解するために一役買ってきたのとちょうど同じように、この雑然とした状態を理解しやすくするには、何らかの目録が必要だろう。これまでのところ、私たちが知っている唯一の直接的な接触は、世界を経験する実在的対象と、それが出会う様々な感覚的対象との間の接触である。そうした接触において、感覚的対象は私の目の前にある。つまり、私はそれらに没入している。ここでは、橋渡しが必要ない。しかし、四種の緊張はいずれもこのような幸運には恵まれていない。対象と性質との間のそうした分極はどれも、媒介を必要としているかもしれないのである。

　これまで述べてきたように実在に四つの極が認められるとき、四つの異なる種類の項の可能な組み合わせを網羅するには、六つの組み合わせで足りるはずである。しかし私たちは、それぞれの極が、同種の極と相互作用する場合も考慮に入れるべきである。この作業のポイントは、結局のところ、ある実在的対象とそれとは別の実在的対象の関係についての機会原因論的な問題を解決することであり、これとパラレルな三つの場合もまた考慮されるべきなのである。感覚的対象同士について言えば、私たちはすでに、それらが互いに触れ合うことがないこと、つまりそれらは橋渡し役としての何らかの実在的対象の経験の内で隣接するにすぎないということを知っている。感覚的性質同士の接触についてはどうか。実在的対象としての私は、感覚的対象の場合と同様、複数の感覚的性質を繋ぐ役割を果たしているように思われるかもしれない。だが意外なことに、実際にはそうではないことが判明する。経験論が主張するのとは異なって、私はそもそも感覚的性質と直接接触することがない。そしてこれこそまさに、フッサールの偉大な発見が意味していることなのである。私は孤立した性質としての黒に出会うことは決してない。私が出会うのは、インクの黒や毒物の黒、つまり対象のスタイルと混ざり合った黒なのだ。そのようにして、感覚的対象は、多様な感覚的性質を橋渡ししているのである。だが忘れてはならないのは、実在的対象としての私が感覚的性質の

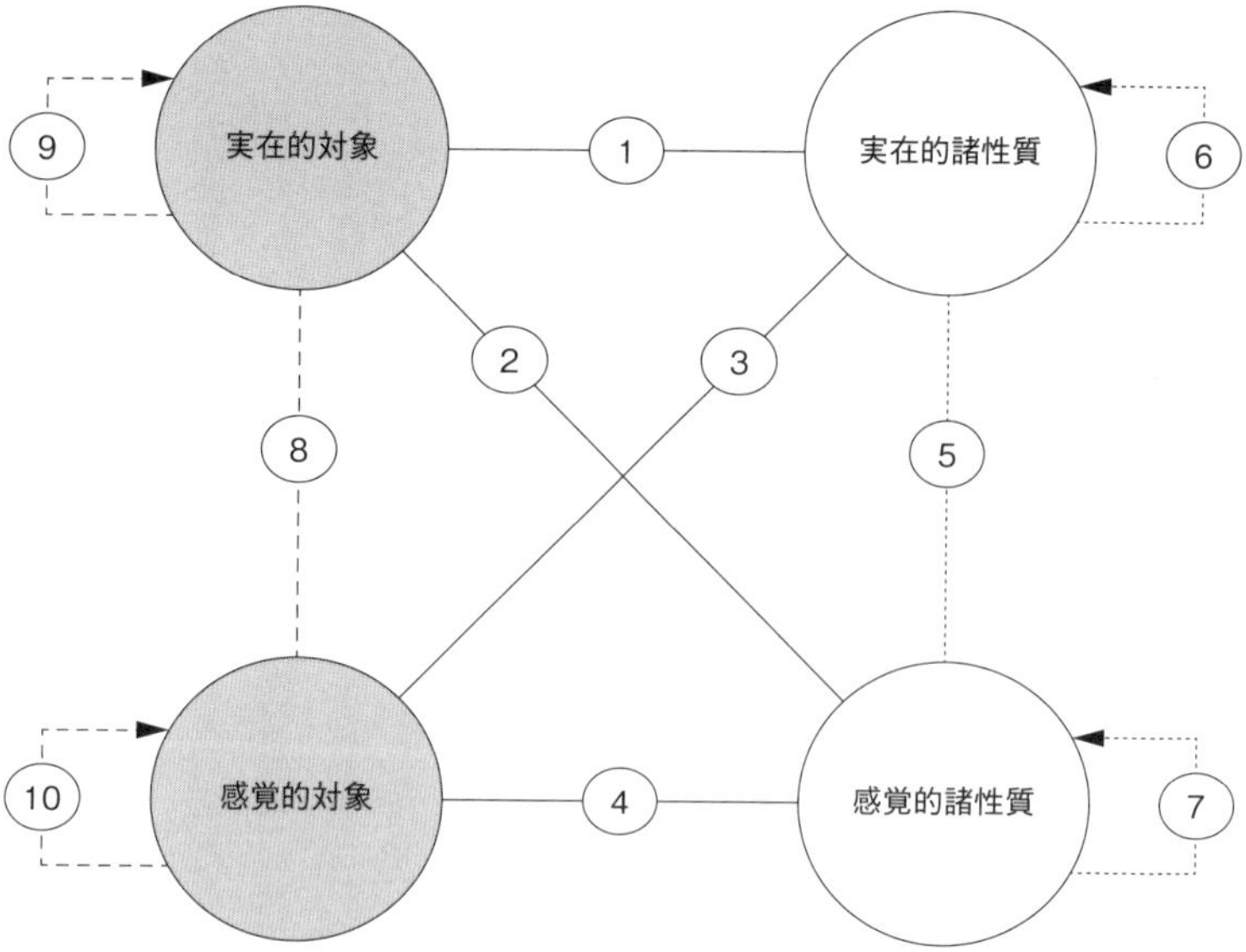

図４：10の可能な繋がり

橋渡しをしていないとしても、他の実在的対象は、その役目を果たしているという点である。ハンマーの多様な性質は、私が視界に捉えている感覚的なハンマーだけから発出するわけではなく、いかにしてもアクセスできない地中深くへと退隠する実在的なハンマーからも発出するのだから。衛星が同時に二つの惑星を周回することがあるように、感覚的性質は二人の主に仕える。一方は見える対象であり、もう一方は見えない対象である。似たような状況は、実在的性質同士の間でも生じる。ある意味で、実在的性質は全て、同一の実在的対象に備わっている。だが同時に、多くの実在的性質が、一つの感覚的な対象、例えばハンマーや犬、木などに、その形相として属している。

ここに姿を現そうとしているのは、二種類の対象と二種類の性質の間にある一〇通りの可能な組み合わせについての作図法《カルトグラフィー》である。フッサールとハイデガーの基本的な洞察から、対象についての、奇妙だが斬新な地理学が生まれ、私たちを予期せぬ帰結へと導こうとしている。だが、私たちは二人の師よりも少しだけ歩を進めつつある。というのもハイデガーは、四という数を示しただけで、存在の組み合わせについて、自説を展開することがなかったからである。

D　四方構造について

植物学者や動物学者、言語学者や人類学者とは異なり、哲学者は、宇宙を単純化しようとする。宇宙の調査に乗り出すとき、哲学者が無数の経験的なディテールを渉猟するのは、世界の内でいくつの基本的要素が働いているのかを明らかにするためではない。哲学者はむしろ、全てを包括する基本的構造を探し求める。私たちは、単純さのプロなのだ。とはいえ、事物の方は完全に単純ではない以上、哲学は、他の学問の召使でないのと同様に、主人であるわけでもない。それゆえ、哲学者を研究するとき、私たちはいつも、その哲学者が宇宙にいくつの根本的な構造を認めているかを問う。どんな哲学でも、その大半は、一握りの基本的特徴から展開されるものだからである。哲学に見られる数が、多くの場合、一、二、三、四であるのは、驚くべきことではない。より大きな数が登場する場合であっても、大抵の場合、それらはより少ない数の構造を組み合わせて複雑化したものであることが判明するのである。

一という数は一元論の合言葉だ。一元論は、全体論的な統一を約束することで私たちに安心を与えてはくれるが、差異や争いは諸事物の原初的な調和よりも実在的でないということを暗黙裡に主張する点において、楽観的になりすぎる傾向がある。二は、二つの対立原理の闘争を示す数であるように思われる。しかし、逆説的にも、そうした二元論は、結局のところ単調なものであることがわかる。というのも、大抵の場合そこには、分断されたものの間で生じる絶えざるせめぎ合いしか認められないからだ。三という数は、より洗練されているように見える。この立場は、二つの対立する原理が、動的な第三項へと統合されることで、対立項の決定的な特徴を保存すると同時に超越すると主張するからである。三という数は、本質的には、媒介を導入した二元論なのだ。ヘーゲルの弁証法や、ハイデガーが繰り返す三分法などがこれに当たる。しかし、三重構造にも、ある危険がつねにつきまとっている。それは、まやかしのハッピーエンドによって対立の悲劇的な力が中和されてしまうという危険である。この立場には、あらゆる対立を、人間的な解像度で容易にアクセス可能な一つの場へと統一してしまう恐れがあるのだ。

哲学史には、いくつかの四方構造を見出すことができる。それらはいずれも、二つの二元論を交差させたものであるが、その二元の選び方は、思想家によって全く異なっている。四は哲学における強力な数である。この数は、対立項の闘いという二元論者の洞察を完全に保持しながらも、その闘いを第二の対立軸にまで拡張することによって二元論に固有の単調さという弱点を回避し、世界の四つの極の間に豊かな緊張関係を創造する。思想史を紐解けば、数多くの四方構造の事例を見出すことができる。エンペドクレスの四元素説、プラトンの線分の比喩、アリストテレスの四原因説、エリウゲナによる創造の四重図式、ベーコンの四つのイドラ、カントの四つのカテゴリー、ハイデガーの四方界、グレマスの記号論的四角形、そしてマクルーハンのメディアの法則テトラッドなどのことだ。すでに指摘したように、こうした四項のグループはどれも、世界の経験的観察から引き出されたものではない。そうでなく、これらはいずれも、世界を区分する二つの軸の交差から生まれるものである。二つの二元的対立を交差させ世界を覆うというこうした手続きは、それだけでは、成功しているともしていないとも言うことができない。成功の度合いは、主に二つの基準によって測ることができる。第一の基準は、分割の二つの軸がどの程度うまく選択されているかというものだ。極端な話、馬鹿げた四方構造なら、いつでも容易く作ることができる。世界中のあらゆるものは、イタリア製であるかそうでないかであり、電動であるかそうでないかであると言ってしまえば、それだけでもう、素晴らしい「四方」哲学を手に入れたことになるだろう。この哲学においては、イタリア製でもなく電動でもないものが宇宙の大半を占めることになる。だがもちろん、そんな哲学は馬鹿げている。第二の基準は、当該の四方体系は、四つの極のどのように関係しあっているかということに対して、満足な説明を与えているかどうかというものだ。宇宙を四分割しはするが結果得られた部分を共存させるだけの四方構造は、退屈な分類にすぎない。それは、宇宙がどのように動いているかということについて、ほとんど何も説明してくれないのである。

これら二つの基準は、本書で提起されつつある四方構造を判定するのにも使えるだろう。第一に、私たちが支持してきた分割軸はどの程度上手く選択されているのか。私たちの二つの軸は、適切であるばかりか、選択の余地がないほどに不可避なものであるように思われる。ハイデガーの道具分析は格好の例であり、事物の可視的なプロフィールと、その存在が有する見通すことのできない深淵を分離する軸を与えるものである。フッサールもまた、統一された感覚的対象と、その絶えず変化する射影とを区別すべきだという決定的な見解を提示している。私たちは、まとまりのない性質のピクセルに出会い、それをただ習慣の力によって圧縮することで大雑把に統一された塊を得ているわけではない。私たちは、実際には初めから、統一的な感覚的対象に直面しているのであって、そうした感覚的対象が様々な時点で様々な性質を発出ないし放射しているのである。

こうした二つの軸を受け入れるなら、世界は四つの極から成ることが直ちに帰結する。その四つの極は、孤立的な静止状態において、ただ併存しているわけではない。私たちはすでに、四つの極が互いに緊張関係にあることを理解している。それらの極は、二つ毎に、様々な仕方で組み合わされる。そして、その組み合わせは一〇通りあることがこれまでに確認されてきたのだった。だが、そのうち最も興味深いのは、異種的なペア——対象に属する項と性質に属する項から成るペア——である。そうしたものは四種あり、これが世界を構成する四つの基本的な分極なのだ。この点を強調するのは、本書で展開される形而上学は、おそらく奇妙なものに思われるだろうし、また奇妙なものは、しばしば恣意的で強引なものである印象を与えるからである。しかし、この二つの分割軸が実際には不可避である理由を理解すれば、なぜ四方構造の働きを探究する形而上学が不可避であるのかということもわかるようになるだろう。

第六章　ハイデガーの四方界

ようやく四方界の出番となった。四方界は、ハイデガーの著述に登場する中で最も不評をかっている概念であるが、最も無視されている概念の一つでもある。四方界、すなわち大地・天空・神々・死すべきものどもについて語り、またそれらの関係を反映＝遊戯・婚姻・踊り・歌という言葉で表現するとき、ハイデガーの大袈裟で気取った言い回しは混迷の極みに達しているように思われる。こうした詩的な用語をより厳密な理論的枠組みで解釈するための手がかりは、ハイデガーの著作にはほとんど存在しない。多くの研究者は四方界をただ無視しているが、それはおそらくたんにこの概念に対する戸惑いからだろう。この概念を無視しない場合でも、研究者は、ハイデガー自身の主張をただ言い換えることに終始してしまっている。四方界は、ハイデガーの後期著作のいたるところに現れる概念であるにもかかわらず、これをあえて真面目に捉えようとする専門家は、ほんの一握りにすぎないのである。

四方界という主題をハイデガーが初めて公にしたのは、一九四九年一二月、ブレーメン北部の街で行われた「有るといえるものへの観入」という一連の講演である。周知のとおり、ハイデガーは戦後、大学での講義を禁止されていた。アカデミアからの追放に加え、精神的な衰弱も相まって、彼は戦後しばらくの間公衆の面前に姿を見せていなかった。そのハイデガーが再び現れたのが、このブレーメンでの講演であり、そのためこの講演は、彼のキャリアの中では後期の最初の著作とされている。だが、一九四九年の講演が後期ハイデガーの最初の著作であるのは、経歴上の理由だけからではない。彼が一九五〇年代に書いた、言語や技術、そして「物」についての著作を調べてみれば、それらがブレーメン講演ですでに提起されていた考えを展開したものにすぎないことがわかるからだ。さらに言えば、一九四九年のこの講演をざっと読んだだけでも、そこで四方界が中心的な役割を果たしていることがわかる。私の考えでは、大地・天空・神々・死すべきものどもとは、老いた賢人の詩的な気張らしなどではなく、ハイデガーの思考の長い道のりの到達点なのである。

A　ハイデガーの四方界

ハイデガーの基本概念のうちで四方界ほど嘲笑を買ったものはない。一九四九年の一二月一日に、ハイデガーはある講演を行っている。その聴衆となったブレーメン・クラブは、学者集団ではなく、船主や実業家から成る組合であった。彼らはハイデガーが戦後初めて公の場で発言する場に居合せるという光栄に与ったのである。そしてそれこそが「有るといえるものへの観入」(40)という、二〇世紀哲学において間違いなく最も奇妙な講演であったのだ。この一連の講演の中心を成しているのは明らかに四方界の概念である。それから六〇年経ったが、大地・天空・神々・死すべき者どもの四つ組は、いまだほとんど議論の俎上に乗せられておらず、完全な理解に至るには程遠い状況にある。四方界の軽視が問題なのは、この概念がハイデガーの思想において無視できない地位を占めているためである。四方界は、彼の後期著作の主要概念であるばかりか、言語と技術についてのハイデガーの省察の根幹を成すものなのである。最近の研究者の中で、ハイデガーの思想において四方界が果たしている重要な役割を真面目に扱っているのは、おそらくジャン＝フランソワ・マテイ[41]だけである。ハイデガー研究にはなお、この概念についてのオリジナルな哲学的解釈が欠けているのだ。そこともかく、一九四九年のブレーメンこそが、四方界が完全な姿で初めて登場した舞台である。そこで四方界は、大地・天空・神々・死すべきものどもという、詩的な響きをもった四方形態をとっている。これら四つの用語が元からもっている詩的な趣に加え、ハイデガーがそれらの意味を明確に説明しなかったことも相まって、この主題は多くの研究者から避けられてきた。解釈者の中には、「四」という数は「多く」を表す詩的な言い回しにすぎないのだから、二以上であればどんな数でも

（40） Martin Heidegger, "Einblick in das was ist." In *Bremer und Freiburger Vorträge*. (Frankfurt: Vittorio Klostermann, 1994.)〔「有るといえるものへの観入」、『ブレーメン講演とフライブルク講演』（ハイデッガー全集第七九巻）、森一郎、ハルトムート・ブフナー訳、創文社、二〇〇三年、五―九七頁〕

（41） Jean-François Mattéi, *Heideggr et Hölderlin: Le Quadriparti*. (Paris: PUF, 2001.)

同じような役割を果たしただろうと言う者や、四という数をハイデガーが選んだのはヘルダーリンに対する古臭い賛辞の表れにすぎないという者もいる——これまでのところ、ヘルダーリンの詩の中に、四つの言葉が一緒に用いられているようなものは見つかっていないにもかかわらず、である。

ここで「物」という試論から引用しよう。これは、ブレーメン講演から派生した有名な論考のうちの一つである。カラフェからワインが注がれる場面について、ハイデガーは「物するなかで（in thinging)、〔カラフェは〕大地と天空、神々と死すべきものどもを宿らせる[42]」と述べている。これらの四項は、ブレーメン講演から派生したもう一つの試論「建てる、住む、考える」のなかで最も明確に定義されている。大地については、次の通り。「大地は世話をして担うもの、栄えて実を結ぶものであり、岩山や水域のうちで広がり、植物や動物へと成長してゆく[43]」。天空についてはこうある。「天空は太陽の弓なりの軌道、姿を変えてゆく月の運行、星々の輝きの変転、四季とその移り変わり、昼の光と暗がり、夜の暗さと明るさ、好天と悪天、雲の流れ、そして大空の青い深さである[44]」。神々についてはこうだ。「〔神々とは〕神性を合図によって伝える使者である。神性の聖なる支配にもとづいて神はその現前のうちへと現れ、あるいは隠れのうちへと身を引いてゆく[45]」。最後に、死すべきものどもについては、こう述べられている。「死すべきものどもとは、人間たちのことである、人間が死すべきものどもと呼ばれるのは、死ぬことができるからである。死ぬとは、死としての死を能くするということである[46]」。こうした記述が、英米系の分析哲学者に対して厳密なものとして通用する類のものでないことは、明らかである。

これら四項のそれぞれについて、ハイデガーは、四項の一つを考えることは同時に他の三項を考えることになると付け加えている。「物」では、この点についてさらに議論が展開されている。「四者のそれぞれが、各々の仕方で他の三つの現前を反映している。それとともに、それぞれがそれなりの仕方で自分固有のものを、自分自身のうちに、四つのものの単一性のうちで反映している」。そしてさらに、「この反映は模造を提示する働きではない。反映は、四つのもののそれぞれを明け開きながら、それら四つの固有の現前を相互所属のうちへと本有化する」[47]。四方界には四つの極があるだけではない。それらは互いに孤立しているのではなく、他の三つを、それぞれの仕方で反映しているのである。

こうした四方界を自己満足ないし狂気じみた概念として退けてしまう前に、この概念が、ハイデガーにとってどれほど中心的なものであったかを思い出さねばならない。すでに指摘したように、

---

(42) Heidegger, *Poetry, Language, Thought*, p. 177〔GA7, 179; GA79, 17〕Translated by A. Hofstadter.（New York: Harper, 2001.）
(43) Ibid., p. 147〔GA7, 151〕
(44) Ibid.
(45) Ibid., pp. 147–148〔GA7, 151〕
(46) Ibid., p. 148〔GA7, 152〕
(47) Ibid., p. 177〔GA7, 180 f.; GA79, 18〕

一九四九年のブレーメン講演は、ハイデガーの後期著作の全てにとって鍵となるものであった。「物」や「建てる、住む、考える」だけでなく、あの有名な「技術への問い」もまた、ブレーメン講演をもとに書かれた論考なのである。最後に言えば、後期ハイデガーの言語についての省察は、いずれも四方構造に溢れている。すなわち、〔後期の著作において〕言語は、物と世界との相互作用とされ、その相互作用が、四方構造をもつことが明らかにされる(48)。ハイデガーが四方界のことを大真面目に考えていたことに疑いの余地はないのである。

B　ハイデガーの四方界を解釈する

それだけではない。いくつかの基本的な原則を念頭に置きさえすれば、四方界の解釈は、とりわけ難しいことでもないのである。第一の原則は、四方界は、特定の種類の対象を指示するものではありえないということである。この原則は、自明であるはずなのに、しばしば無視されてしまっている。「大地」はイチゴや干し草のことではないし、「天空」も彗星や月のことではない。「神々」はアフロディテやジュピターやロキのことではないし、最後に、「死すべきものども」はピカソやヴァージニア・ウルフといった個人のことではないのである。ハイデガー哲学は、その全てを、存在神論への批判として読むことができる。存在神論は、原子や完全な形相、アペイロン、イメージ、力等々何であれ、ある一つのタイプの存在者によって、その他全ての存在者が説明できると主張する。ハイデガーは、存在とは、こうした現出のどれよりも深いものだと主張したのである。明らかなのは、ハイデガーが存在神論に対するそうした批判を一九四九年以降突然放棄し、最も重要な四種へと存在者を分類する方法を支持するようになったわけではない、ということである。もしその四つもりだったとすれば、なぜ存在者には四つの主要なタイプがあるのか、そしてなぜその四つであって別の四つではないのかといったことについて、私たちは何らかの正当化を見出したことだろう。そうした明らかな主張の逆転が見られない以上、四方構造は、ハイデガーのそれまでの思考からの帰結と想定するのが無難である。こうした理解を支持するもう一つの根拠は、四方界の四項間の全てにおいて「反映」が認められていることである。というのも、反映関係が示唆しているのは、遍在的な存在論的構造であって、四つの異なる種類への存在者の分類法ではないからである。要するに、四方界の四つの項を文字どおり、（a）地上にあるもの、（b）天空高くにあるもの、（c）神々、（d）人々、として捉えることはできないということだ。ただし一つだけ、ハイデガーがこの暗黙の原則に若干背いているように思われる場合がある。それは、死すべきものどもが論じられる場合である。というのも、ハイデガーは、実際それを文字どおり人間的存在者と同一視しているように思われることがあるからである。

このようにあらかじめ注意しておけば、ハイデガーの四方界の意味を解釈するのは驚くほど容易

（48） See, "Die Sprache", in Heidegger, *Unterwegs zur Sprache.* (Pfullingen: Günther Neske Verlag, 1959.)〔『言葉への途上』（ハイデッガー全集第一二巻）、亀山健吉、ヘルムート・グロス訳、創文社、一九九六年〕

である。というのも、ハイデガーの思考に決して変わらない原則があるとすれば、それは不在と現前、覆い隠されたものと露わになったものの間にある恒常的な対立だからである。そして、ブレーメン講演での彼の言葉選びを見れば、大地と神々がいずれも隠蔽を表す語だということは全く明らかである。芸術作品に関する一九三五年の試論[49]にすでに見られるように、大地の役割は、あらゆるアクセスから退隠することであり、同じことは一九四九年〔の「物」における大地の概念〕にも当てはまる。また神々については、ただ「徴を与える」だけであって、自らを露わにするのではないと言われている。対照的に、ハイデガーは、死すべきものどもが顕在的可視性の〈として〉構造と結びついていると述べている。そして天空はというと、これは明らかに、とりわけ可視的な存在者のことであって、大地の絶え間ない退隠に対立するものなのである。

ハイデガーの第一の軸についてはこのくらいにしておこう。パルメニデスなら、ハイデガーがこの区別を深化させ繰り返し強調してきたことを誇らしく思うだろう。しかし、ハイデガーの思考には第二の軸が存在し、これを頼りにすれば、四方界の読解を容易に、第二の方向に進めることができる。一九四九年の講演の場合、その第二の軸とは、あの有名な存在論的差異、すなわち存在と存在者の差異の、第二形態である。第二というのは、存在論的差異には二つの読み方が可能であるからだ。一つは、存在論的差異を、覆い隠されたものと露になったもの、不在と現前、退隠したものと明らかにされたもの、暗黙のうちにあるものと顕示的なものの区別として読むという方針である。しかし、存在論的差異は、これとは別の仕方で、すなわち、存在は一であり存在者は多であるという意味で理解することができる。ハイデガーは、この第二の軸を、覆い隠されたものと露になったものの双方の水準で繰り返している。実際、隠蔽されたものの水準において、「大地」はつねに単一の統一的力として理解される。そしてこのことは、「死すべきものども」の可視的な水準においては、よりいっそう明白となる。死すべきものどもが死すべきものどもであるのは、様々に異なる事物を経験するからではなく、存在者に全体として、つまり死「としての」死という形で出会うからである。他の二つの項にはこれと反対のことが言える。隠蔽されたものの水準において、ハイデガーは神でなく「神々」という言い方をしているが、これは一神教を無闇に攻撃するためでなく、退隠する大地の単一性と「神々」という契機が表す謎めいたメッセージの複数性の対照を示すためである。そして明らかにされたものの水準において、「天空」の下に含まれる項の多数性は、大地および死すべきものどもに見られる単一性と対照を成している。つまり、四方界は、二つの、関係し合ってはいるが異なる意味——覆い隠されたものと露になったもの、一と多という二つの対立——の交錯として理解することができるのである。

(49) Martin Heidegger, "The Origin of the Work of Art." In *Off the Beaten Track*. Translated by J. Young and K. Haynes. (Cambridge, UK: Cambridge Univ. Press, 2002.)〔「芸術作品の起源」、『杣道』(ハイデッガー全集第五巻)、茅野良男、ハンス・ブロッカルト訳、創文社、一九八八年、五—九五頁〕

C　対象から世界へ

ハイデガーがフライブルクで最初に講義を行ったのは一九一九年、いわゆる戦後緊急学期のことである。当時のハイデガーは三〇歳に満たなかったにもかかわらず、この初期講義は、すでに一つの短い傑作とすら呼べるほどのものである。それは第一に、この講義がすでに道具分析を完全な形で含んでいるからだ。というのも、このことによって、ハイデガーの道具分析は一九二〇年代初頭のフッサールの著作からの盗用であるという、時折なされるおかしな主張があらかじめ否定されるからである。だがそれだけではない。驚くべきことに、この一九一九年の講義にはすでに四方界の原型が存在するのである。ただしそれは、後に登場する完全なモデルとは決定的な点において異なっている。すでに見たとおり、一九四九年に提示された四方界は覆い隠されたものと露になったもの、そして統一性と複数性という二つの区別を交差させたものであった。そして、統一ということで彼が意味していたのは、全体としての世界の統一のことであり、個物の統一ではなかった。これに対し、一九一九年の講義におけるハイデガーの第二の軸は、統一された志向的対象とその多数の特性というフッサールの区別にずっと近いものであり、私に言わせれば、この区別の方が優れたものなのである。そこではまだ、あらゆる事物が単一の大地から発生するだとか、死すべきものどもの〈不安〉において存在者が全体として一度に経験されるなどといった主張はされていない。一九四九年の講義の第二の軸は、「全体としての存在者」と、犬やリンゴなどの個別の存在者を区別するが、一九一九年の講義では、個物としてのリンゴとその複数の特性という、よりフッサール的な区別がされている。要するに、一九四九年の四方界は、ある意味本当に、一九一九年のモデルから後退してしまっているということだ。このことを示すために、感覚的領域に対するアプローチをいくつか取り上げてみよう。

- ヒューム：様々なリンゴ＝性質だけが存在し、人間の習慣によって、それらが単一なものへと束ねられる。
- フッサール：リンゴ＝対象とその表面で移り変わる様々なリンゴ＝性質との闘争が存在する。
- ハイデガー（一九一九）：「或るもの一般（something at all）」としてのリンゴとその様々な個別的リンゴ＝性質との闘争が存在する。しかし、「或るもの一般」の極には、特にリンゴ的なものはない。どんなものも他のものと同じ意味において「或るもの一般」であるからだ。この点で「或るもの一般」は、厄介なことに、ヒュームの「束」に近い。ヒュームのいう「束」も、束である限りにおいて、綿や犬、メロンや木、いずれの経験においても区別されないものだからである。
- ハイデガー（一九四九）：全体としての実在と様々なリンゴ＝性質との闘争が存在する。リンゴ＝性質に対立するのは、束でも感覚的対象でも「或るもの一般」でもなく、全体としての存在者であって、これを現存在に対して曝け出すのが、〈不安〉という経験である。

言い換えると、次のようになる。一九一九年のハイデガーは、フッサールほどはっきりとではないにせよ、個々の存在者の内にドラマを見ていた。しかし、一九四九年のハイデガーは、全体としての存在者と様々な個別的存在者との間にドラマがあると考えている。ハイデガーの四方界の対象指向的精神は、このようにして妥協されてしまうのである。だから私たちは、彼にそこまで付いて行ってはならない。一九四九年の四方界は、実際のところ、一九一九年のモデルほど哲学的に洗練されてはいないからである。

　感覚的領域について、列挙した四つのモデルの内、最も優れているのはフッサールのものである。フッサールは、残念ながら観念論者であるものの、そのことで志向的領域についての彼の見事な洞察が曇ってしまうことはない。感覚的領域に限って言えば、四つのモデルの中で最悪なのは、一九四九年のハイデガーのものである。全体としての世界とその内に住まう個別的な存在者たちを対立させることによって、ブレーメン講演におけるハイデガーは、個々の存在者たちの内で起こっているドラマの意義を薄めてしまっている。四つのうち、「ダメな対象モデル大賞」第二位は、ヒュームと一九一九年のハイデガーが同着となるだろう。両者とも、多様な特性を結合する必要を見抜いてはいるものの、そのためにある種の睡眠作用（*vis dormitiva*）[二]をもち出してしまうからだ。つまり、様々な性質が結合されるのは、結合作用によってであるというわけである。ヒュームの場合、結合を生み出すのは習慣だとされるが、その習慣については、機会原因論者が神の働きに与えるのと同程度にしか、説明が与えられない。一九一九年のハイデガーの場合、各存在者が「或るもの一

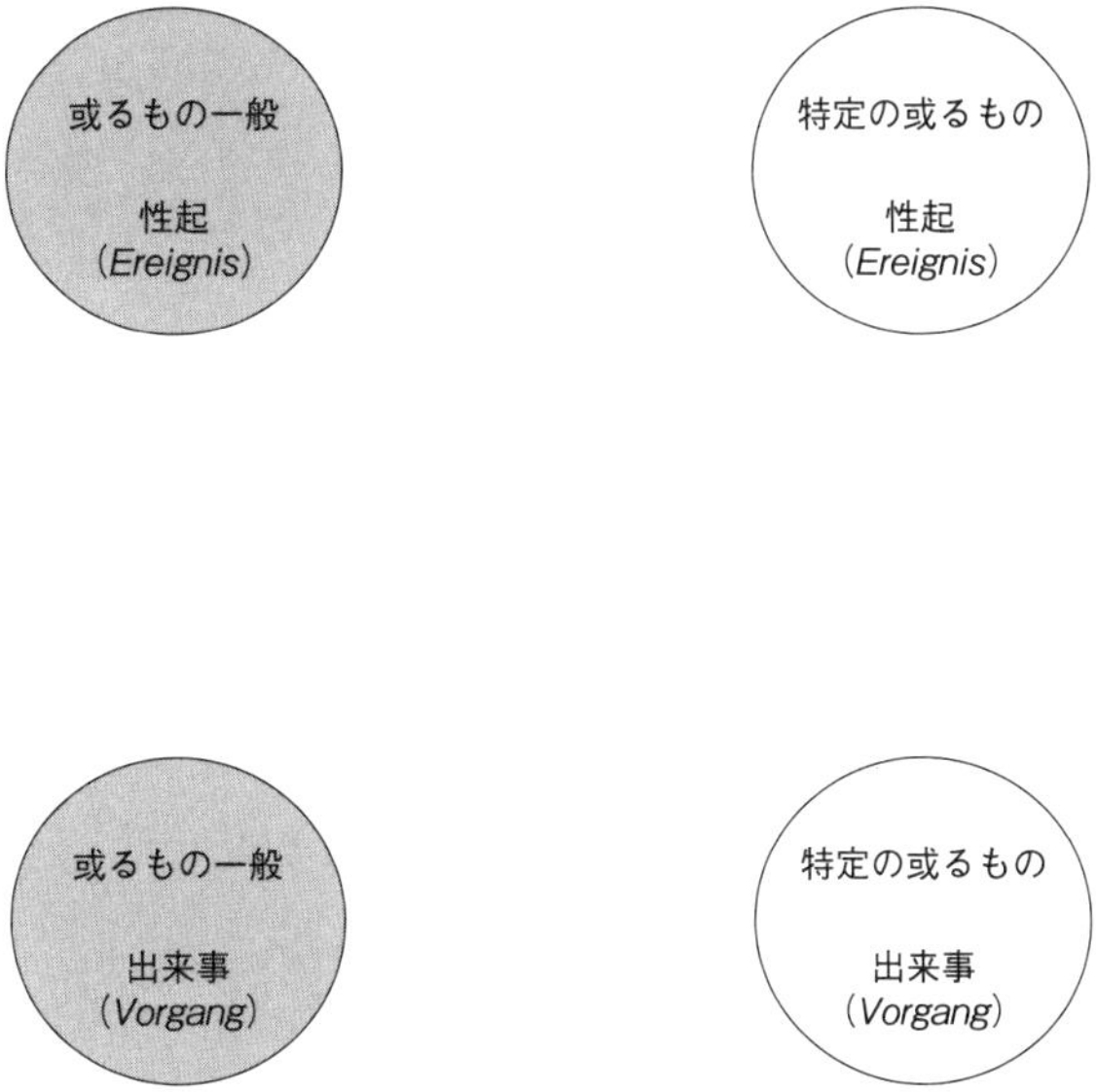

図5：初期ハイデガーの四方界（1919年）

般」であるという事実から結合が生じるとされる。しかし、ここでもまた、いくつかの特定の性質が、どうして、別のものでなく、ある一つの「或るもの一般」と結びつかなければならないのかということは説明されないのである。しかし、フッサールの非常に優れた洞察において、メロンの統一はメロンの統一であって、猫の統一や硬貨の統一とは全く異なるものである。対象は漠然としているが魅力的な一つの統一体、移り変わる外観を纏った一つの持続的な統一なのである。この意味で、ハイデガーは、感覚的領域についての自らの師の比類ない洞察を裏切

〔二二〕モリーエルに由来する表現。『病は気から』には、アヘンを服用すると眠くなるのはなぜかと問われた医学部受験生が、それはアヘンが睡眠作用（virtus dormitiva）をもつからだ、と答える場面がある。転じて、循環論法を揶揄するのに用いられる。

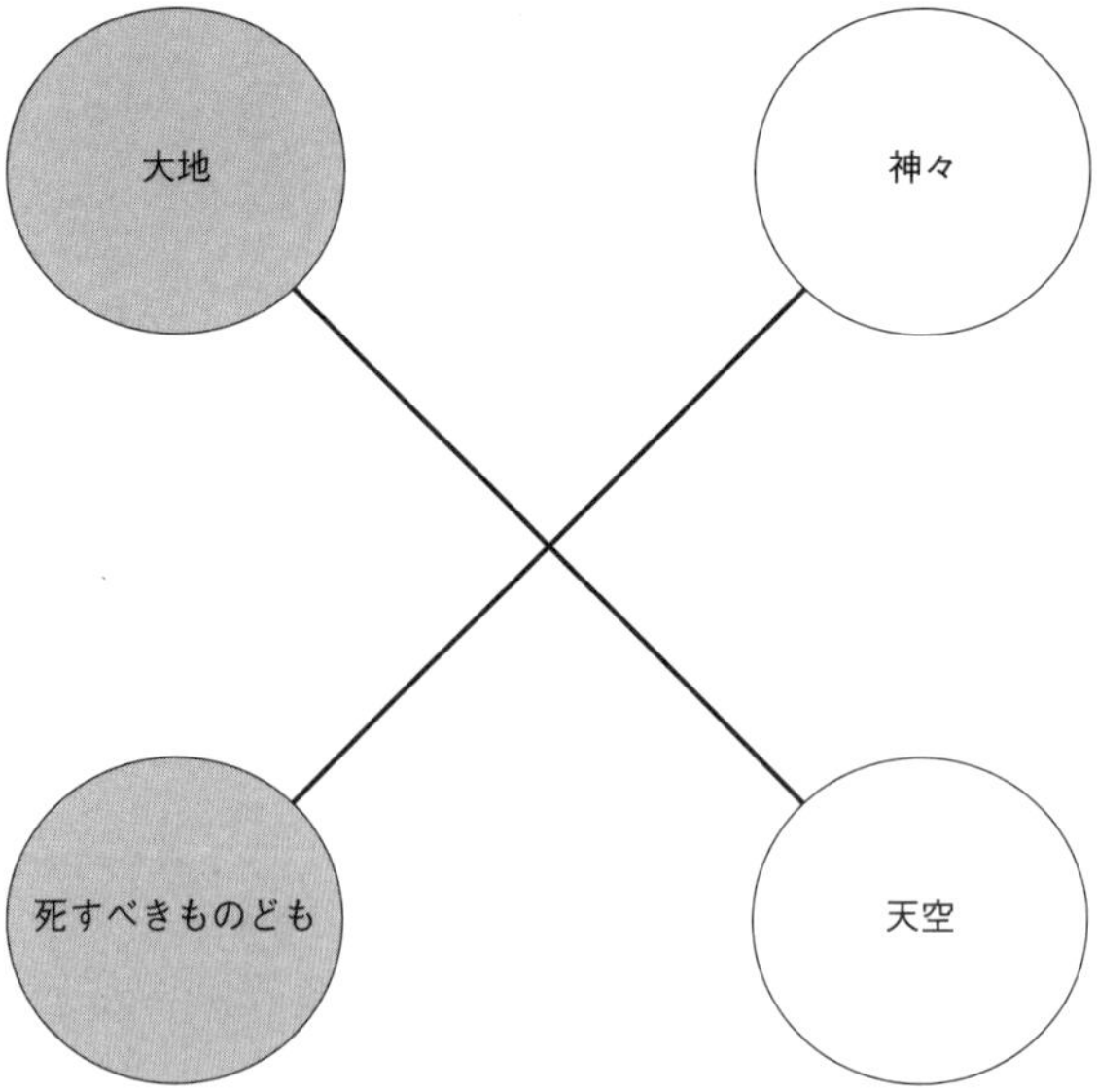

図6：後期ハイデガーの四方界（1949年）

ってしまっている。

しかし感覚的領域の外に目を向けると、状況はかなり変わってくる。この場合、先に挙げた四つのうち最下位はヒュームに違いない。というのも彼は、感覚経験の限界を超えたところにあるものについて、不毛な不可知論を提起しているからだ。ブービー賞はフッサールに贈られるだろう。彼が観念論者であることは否定しがたく、志向性によって原理的に到達できない実在性は、完全に否定されてしまうからである。フッサールは、たった一つではあるが、重要な理由から、ヒュームに僅差で勝っている。それは、フッサールが、感覚的対象に実在的形相——感覚的対象をそれ自身たらしめる真の性質——を認め、そうした形相と、対象の表面を周回している様々な偶有性との恒常的な対立の存在を主張した点においてである。一九一九年のハイデガーと一九四九年のハイデガーのどちらが一番かを決める段になると、この哲学者は、三〇歳と六〇歳、いずれの時点においても、視界へのあらゆる現前から退隠する実在性について、非常に優れた感覚をもっていたことがわかる。だが接戦を制してトロフィーを授与されるのは、若きハイデガーである。というのも、一九一九年のハイデガーは、全体としての実在と様々な性質の間のみならず、個別的対象とその様々な性質の間にも地下深くにおける抗争を認めていたからだ。ハイデガーが一九三五年以降「大地」を引き合いに出すようになったことは、全体論的観点への洞察に富んだ躍進としてしばしば評価されてしまっている。しかし、実際のところそれは、一九一九年の対象指向的な現象学のモデルから中途半端な一元論への著しい退行なのである。すると、本書の採用する四方界のモデルは、ある意味、感覚的領域についてはフッサールに、実在的領域については若きハイデガーに従っていることになる。一九四九年のハイデガーは詩的な力を得てはいるが、対象の哲学者としては一段階退化しているのだ。「全体としての世界」があると想定しさえすれば、知的な重々しさや哲学的な深遠さといった雰囲気を直ちに得ることができるだろう。しかしだからといって、そのような包括的全体が存在するとまで考えて良い理由はどこにもない。むしろ、あらゆるものは、個別の対象とそれが有する様々な偶有性・性質・関係・瞬間との間の抗争に帰着するのである。

D　ハイデガーの四方界のその他の問題

本書は一貫して、ハイデガーが四方界のために、二つの効果的な軸を選んだことを賞賛してきた。とりわけ賞賛に値するのは、放棄され十分に展開されずに終わってしまったその一九一九年版である。だが私たちは、四方構造が正しい二つの軸から構築されているかどうかだけでなく、それが四つの極の相互作用について十分な説明を与えるものであるかどうかということも問う必要がある。今問題となっているのは、対象の四つの異なる種類ではなく諸対象の内にある四方構造である以上、四つの項はどんな対象の活動においても統一されているはずであり、またそれゆえに、何らかの仕方で互いに関係していなければならないからである。この点について、ハイデガーはあまり役に立たない。たしかに彼は、自分の四つの極は、静的なものではなく劇的な仕方で相互作用しているとは述べているが、そのドラマの仕組みをほとんど明らかにしていない。四つの項がどのように相互作用するかという話になると、ハイデガーは大抵の場合、それは静的なものではないという否定的な主張をするだけなのだ。相互関係を明確にしようと試みる場合でも、鏡や結婚、舞踊、歌といった詩的な暗示に留まっている。「反映＝遊戯」は、とりわけ繰り返し用いられるイメージであるが、ハイデガーは、一つの項が別の項にどのように反映されるのかを明確にすることは決してない。それだけではない。四つの項のいずれもが他の全てを反映できるかどうかということについてすら、決して明確にしていないのである。四方界の図に、いくつかのペアを作る線が見られる場合でも、それは通常、対角を結ぶ十字でしかない。水平方向の線と鉛直方向の線を加えれば、六つ全ての組み合わせが揃うのに、ハイデガーは滅多にそうしない。このように、〔四方界の諸項の相互関係については〕問いが立てられることすらないのである。こう言ったからといって、私はハイデガーの曖昧さを批判したいわけではない。文明を作り上げようとする開拓者に対して、没落一歩手前までそれを洗練させることを求めたりは誰もしないだろう。私が言いたいのはむしろ、私たち自身が、ハイデガーより一歩前へと問題を展開する必要があるということだ。「弟子のままでいるなら、師に報いたことにはならない(50)」のである。

　四方界にはまだもう一つ問題がある。それは、ハイデガーが、一度は存在者の分類をうまく避けていたのにもかかわらず、少なくとも二つの点で、そうした分類へと逆戻りしていることである。第一に、ハイデガーは時折、「死すべきものども」の極を文字どおり人々を指すものであるかのように扱ってしまっている。第二に、彼は四方界の具体例を、ギリシャの寺院や農民の靴といった、ロマンティックで心を動かされるものに限ってしまっている。原子力発電所や水力発電所のダム、機械化された農場といった技術の産物について語りながらも、ハイデガーは、そうした事物に対して、何の威厳も認めようとしていないように思われるのである。〔だが、〕実際のところ、四方界の各極は、静的に孤立した状態でなく相互作用の内にしか存在しないものである。したがって、重要

(50) Friedrich Nietzsche, *Thus Spake Zarathustra.* Translated by T. Common. (New York: Dover, 1999.)〔『ツァラトゥストラかく語りき』佐々木中訳、河出文庫、二〇一五年、一三二頁〕

なのは、これまで記述してきた四つの項〔そのもの〕というよりもむしろ、それらの項の間で生じうる分裂と融合なのだ。エンペドクレスの四つの元素も、愛と憎しみの作用がなければ凍り付いて動かないままだっただろうが、それと同じことである。より具体的に言えば、四方構造をもつ対象を扱う存在論が主題とすべきは、大地・天空・神々・死すべきもののそれぞれというよりむしろ、大地と天空の間、神々と死すべきものの間、そしてこれらの項によって可能なその他の全てのペアの間に生ずる対立や緊張なのであって、それこそがまさしく、本書で展開される立場なのである。本書の提示するモデルは、二種類の対象と二種類の性質とをつねに、別々にではなく対象の極と性質の極との間の緊張関係の下で考察する。さらに本書はこれまで、対象と性質の緊張以外にも、様々な関係が存在するということを見てきた。実際、すでに示したように、合わせて一〇通りの組み合わせが可能なのである。それらの組み合わせを、分類・記録し、衒学的趣味に陥らず、実り豊かな帰結を得るにいたるまで探求することが求められているのだ。

私たちはいまや、現在の哲学の常道から遠く離れたところにいる——あまりに遠くまで来てしまったので、読者は本書の見解が、ネットに転がっているありきたりで個人的な存在論ではないことを確認したくなっている頃だろう。そこで思い出して欲しいのは、本書の四方界モデルは、一見奇妙ではあるものの、力強い先人たちの敬意に値する洞察を受け継ぐものであるという事実である。四方構造は、ハイデガーとフッサールの主要な洞察を結びつけたものであるが、彼らはいずれも、二〇世紀哲学の強豪である。だが、対象の形而上学にはさらに深いルーツがある。というのも、本書が提示しようとしているのは、ある意味、アリストテレスの実体論をずっと奇怪なものにした理論だからである。ハイデガーの四方界は、いくつかの特徴によって非常に説得的なものとなってはいるが、仔細にみれば、多くの基本的な問いに答えられていないことがわかる。だから私たちは、四方界を一見原始的な方向へ推し進める必要がある。どういうことか。最後にこの点を説明しよう。

思想家に示すことができる最大限の敬意とは、各人の思想体系の中心的な考えを理解し、それをさらに先に進めようとすることだろう。それが成功すれば、その思想家はつねにいくらか原始的に見えるようになるだろう――ただし、ここで原始的とは、「粗雑な」でなく「古典的な」という意味である。〔思想を進展させることができれば、〕先人が立ち止まった地点で、自分たちも同じように留まるわけにはいかないことがわかるだろうし、自分が彼らの思想に貢献するためには、先人の独創的な考えをより柔軟で、ニュアンスに富み、広い射程をもったものにすることが必要ともなるだろう。現在、ハイデガーの四方界の構造は、彼の晩年の体系から生まれた奇妙できまぐれな副産物にすぎないように思われている。だが、想像してみて欲しい。今から二世紀後、あらゆる存在論が、ハイデガーの哲学に由来する四方構造に基づいて構築されるようになるというような状況を。そうなれば、一九四九年のブレーメン講演の地位は、「偶発的で理解しがたい奇妙な思想」から、「四方存在論の原型となった古典」へと格上げされることになるだろう。先人に払うことが可能な最高の敬意、それは、彼らの言葉や身振りを延々と模倣し続けることではなく、彼らを何か別のものの先駆者へと変化させることなのである。

第七章　新しい四方界

四方構造には、明らかに、ニューエイジの信条や偽預言者の教義のように風変わりで奇妙なものに見えてしまう恐れがある。しかし、ハイデガーが行った強力な道具分析の成果とフッサールの飛躍的前進——統一的な感覚対象とその多くのプロフィールとの闘争〔の発見〕——の成果とを認めるのなら、四方界についての考察は不可避である。前章まで、私はこのことを示そうとしてきたのであった。

私たちの四重の謎は、実在的対象および感覚的対象が、それらの実在的特性および感覚的特性に対して、自立性をもち、かつ自立性を欠いているという奇妙な事態に由来するものである。この意味において、私たちの問題には非常に古典的な趣がある。すなわち、ここでは感覚を超えた世界についてのプラトンやカントの教説が、実体の統一性と特性の多元性というアリストテレス的区別と混ざり合っているのである。私たちは、どんな二つの対象も接触不可能であるという機会原因論的な行き詰まりから議論を開始した。だがこれは、パズルの一ピースにすぎず、その背後には、一つの対象はいかにして自らの様々な性質と接触するのかという未決の難題が控えているということが明らかになったのである。たしかに、火が綿に、人間が世界にどのように触れるのかを理解するのは、難しい課題である。だがそれと全く同じくらい困難なのは、リンゴがまずもって、自分自身の様々な特徴――冷たい、赤い、硬い、甘い、酸味の強い、安い、ジューシーである等――と関係する、その仕方を理解することなのだ。本章で私は、このモデルをもう少し具体的にすることを試みたい。

A　四つの極の再検討

まずは、ハイデガー〔自身〕の四方界のモデルを手短に再検討し、それをこれに類似し、本書が支持している対象の四方構造と比較することから始めるのが良いだろう。すでに指摘したとおり、哲学史にみられる厳密な四方構造は、どれもみな、二つの二元論の掛け合わせから生じたものである。ハイデガーの場合、そうした二元論のうちの一つは全く明らかである。というのも、それはハイデガーの著作の全てに満ち溢れている、影と光、覆い隠すことと露わになること、隠蔽することと明らかにすることといった単調な相互作用のことだからである。現前の哲学に対するこの挑戦、すなわち、あらゆるアクセス可能な存在者に仄暗い隠れた深層が纏わり付いているという主張は、明らかに彼の哲学の旅路の核であり続けている。だが、実在に関するハイデガーの二番目の軸はこれよりいくらか不明瞭であり、彼のキャリアのいくつかの時期で変化している。一九一九年において、その軸は、「或るもの一般」と「特定の或るもの」との間の差異、すなわち、意識されているかいないかにかかわらず、あらゆる存在者の心臓部に位置付けられている二元性であった。壊れたハンマーは目に見える特定の存在者であり、かつ存在者一般でもある。しかし同じことは、誰の目かららも隠れた深い場所で放たれたハンマー＝存在者にもあてはまるのである。先に見たとおり、一九四九年になると四方界は、あらゆる存在者の心臓部で機能しているものではなくなってくる。代わりに四方界は、覆い隠されているものと露わになったものという二つの領域において繰り返される闘争を伴うようになる。これは、ハイデガーが「全体としての存在者」と「諸存在者そのもの」[51]と呼ぶものとの闘争、すなわち、全体としての世界と、隠蔽された世界および明らかにされた世界に住まう様々な個別的事物との間でなされる闘争である。姿を隠しながらただ暗示するにとどまる項が、大地と神々である。私たちが特定のもの「として」アクセスするものには、死すべきものたちと天空という名が与えられる。世界の統一性を示す項が大地と死すべきものであるのに対し、多数の実在へと予め砕かれている項が神々と天空である。これら四つの項を、文字通り、存在者の分類

(51) Martin Heidegger. *Nietzsche* [4 vols.]. Translated by D.F. Krell. (New York: Harper, 1991.)〔『ニーチェ1』(ハイデッガー全集第六―一巻)、圓増治之、セヴェリン・ミュラー訳、創文社、二〇〇〇年、および『ニーチェ2』(ハイデッガー全集第六―二巻)、圓増治之、ホルガー・シュミット訳、二〇〇四年〕

として理解することはできない。ハイデガーには、プラスチック製のコップや海洋石油掘削装置などの取るに足らない存在者には四方界の身分を認めず、田舎の手仕事のうちに四重の反映構造を見出そうとするロマン主義的傾向があるとはいえ、これら四つの項は、いつでもどこにでも見出される、実在一般の四つの構造なのである。

本書が擁護する四方界の形態は、ハイデガーの一九一九年のモデルに似てはいるが、フッサールの志向的対象ないし感覚的対象モデルの方へと変移したものである。若きハイデガーが、どの存在者も「或るもの一般」でありかつ「特定の或るもの」でもあると言うとき、事物の多様性は、この二つの契機のうち、二番目にしか認められていない。ハンマー、猿、煙突、スイカ、そして星はいずれも様々な仕方で「特定のもの」であるが、ハイデガーにとってこれらはいずれも全く同じ仕方で「或るもの一般」なのだ。実際、「或るもの一般」であることは、非常に退屈な形式的栄誉にすぎず、このことによって、存在者同士は互いに交替可能なものとなってしまう。ハイデガーは時折、「存在は多様に語られる」というアリストテレスの原理に同意していたにもかかわらず、である。しかし、フッサールの場合、すでに見たとおり、そうしたことは起こらない。そして、私が支持したいのはまさにそのフッサールのモデルである。というのも、頭の中でスイカという現象を思い浮かべる際、私たちが見出すのは、（a）あらゆる特殊性を伴ったスイカと、（b）そのスイカとその他全ての事物とに等しく属しているような「存在者一般」との間にある、つまらない対比ではないからである。この「存在者一般」は、否応なくヒューム的な性質の束を想起させる。違いは、束を統一する役割を果たすために新しく「存在者」が採用されている、という点にすぎない。だが問題となっている闘争は、一つの持続的な統一としてのスイカと、様々な時点においてスイカが見せる多様なプロフィールとの間にある。区別は（若いハイデガーであればそう考えただろうが）「或るもの一般」と「特定のスイカ」との間にあるのではなく、スイカ＝対象と様々なスイカ＝性質との間にある。フッサールはこの点において正しかった。彼が批判されるべきなのは、意識内にあるスイカ＝対象はどんな視点からもアクセス不可能で、隠れているスイカ＝対象に付き纏われてなどいないという観念論的な主張を提起した点においてのみである。

本書が擁護する四方界の四つの極の名前は、ハイデガー自身のものほど詩的ではない。大地・神々・死すべきものども・天空に代えて、私たちが提示したのは、実在的対象・実在的性質・感覚的対象・感覚的性質である。この最新モデルが、ハイデガーのものに比べ詩的な情緒を欠いているのは、砂漠のような光景の方が好ましいという悪趣味な美的選好のためでなく、私たちにとってのドラマが、四つの極そのものでなく、それらの間の緊張の内にあるためである。ハイデガーは四方界の四つの項の間の、反映という動的な相互関係に言及してはいるものの、そうした緊張に名前を与えたり、それらを一つ一つ考察したりは全くしていなかったのだ。

感覚的対象とその感覚的性質との間にある緊張は、フッサール現象学の主題である。最もシンプルな形をした郵便受けや木でさえ、その表面から絶えず新しいプロフィールを放射しつつ、一定の期間に渡って私たちにとって同一の統一体であり続けている。こうした出来事は、常識的な習慣によって、徐々にその謎を剝ぎ取られてしまう。だが、一つの持続的な感覚的対象が、それを見る人に対して、角度や距離、気分に応じて無数の形で具体化されうるという事態には、つねにどこか奇妙なところがある。子供であればまだそれが分かるかもしれない。しかし大人が、ワインボトルがただたんに回転することや山の向こうに徐々に日が落ちていくことに纏わりついているはずの不思議な雰囲気を改めて認識するには、多くの訓練が必要となるだろう。また、フッサールが提示する第二の緊張においては、感覚的対象は、自らの移り変わる偶有的な外観と異なっているのではなく、時間の変化を通じて自分自身であり続けるために本当に必要な多数の性質と異なっている。だがこの性質は、実在的性質である。というのも、これらの性質は、感覚的対象を破壊することなしには、その対象から剝ぎ取ることができない性質であり、あらゆる感覚的アクセスから退隠し、知性によって間接的にしか接近できない性質だからである。さらに、ハイデガーの道具分析に見られるとおり、実在的対象とその感覚的性質の間にも緊張がある。深層にあり、退隠しているハンマーは、一つの隠蔽された統一体であるが、感覚的性質を現象的領域へと放っているのである。そして最後に、そうした退隠している実在的対象は、たんに統一的な塊であるだけでなく、各々がそれ自身の本質的特徴をもつ限りにおいて、互いに異なっている。一つの統一的な事物としての実在的事物と、その多くの性質ないし調子との間の緊張を、フッサールやハイデガーは論じていない。しかし、ライプニッツの『モナドロジー』[52]や、(あまり知られてはないが)バスク地方のスペイン人、ハビエル・スビリの著作[53]には、そうした緊張を見出すことができる。ヘルダーリン的なパトスをもったハイデガー自身の用語を採用しなくとも、以上四つの緊張には、次のように、それぞれにふさわしい示唆的な名前を与えることができるだろう。すなわち、フッサール的射影の移り変わりが与えるような時間（SO-SQ）、ハイデガーの道具分析が示したような空間（RO-SQ）、ライプニッツのモナド的な本質（RO-RQ）、フッサールの形相的直観によって捉えられるような形相（SO-RQ）の四つである。こうしてついに、更なる理論構築の基盤となるような四方構造が見出されたことになる。

B　時間・空間・本質・形相

思慮深い人であれば誰しも、時間と空間の本性について、時折反省するものである。時間と空間は、人間の行為とその他全てのものにとっての永遠の本土である。時間は可逆的なのだろうか、そしてまた、時間を通じて過去や未来へ旅することは可能だろうか。空間は、私たちに見える三つの次元だけをもっているのか、それとももっと多くの次元を含んでいて、そのいくつかには別の形態の生命が棲みついているのだろうか。時間と空間は、ニュートンの場合のように、絶対的で空虚な容器なのか、それともライプニッツの場合のように、関係によって生み出されるものなのだろうか。あのミンコフスキーが主張したように、時間と空間を一つの四次元的な時空間と見なすことができ

（52） Leibniz, "Monadology."〔『モナドロジー・形而上学叙説』前掲書〕

（53） Xavier Zubiri, *On Essence*. Translated by A. R. Caponigri. (Washington: Catholic Univ. of America Press, 1980.)

るのだろうか。こうした問いは、私たちを絶えず魅了し続けるものではある。しかし、以上のどの問いにおいても、時間と空間は、単純に、仲間や敵を欠いた比類なき連続体であると想定されている。例えばカントも、他のものは全てカテゴリー表に委ねているにもかかわらず、時間と空間については、超越論的感性論において別個に論じていた。とはいえ、時間と空間の第一義的な地位を自明視する代わりに、両者はいずれもより基礎的な実在の派生物ではないだろうか、と問われることがあるかもしれない。そしてもし答えがイエスだとすれば、さらにこう問うべきである。そのより根本的な次元には、時間と空間という二人の最も有名な子どもの他にも子孫が存在しうるのかどうか、と。したがって、本書で素描される対象の形而上学が、時間と空間を、よりいっそう基礎的なもの——対象とその様々な性質との分極——の観点から再解釈する貴重な機会をもたらすことは、劇的な展開と見なされねばならない。

日常的な意味における時間について語るとき、私たちが言及しているのは、安定と変化の注目すべき相互作用である。時間において、感覚の対象は、動かず止まっているようには見えず、移り変わる様々な特徴で装飾された状態で現れる。にもかかわらず、経験は、ある瞬間から別の瞬間に移行する際に、万華鏡のごとく、まとまりのない不連続な感覚へと崩壊してしまったりはしない。経験には、多かれ少なかれ持続をもつ感覚的対象が存在するように思われるのである。時間とは、感覚的対象とその感覚的性質とのこうした緊張に対して与えられる名前なのだ。他方で、空間を問題にする際必ず想起されるのは、それは絶対的な容器なのか、それともたんに事物同士の関係にすぎないのかという、かつてライプニッツとクラークの間で交わされた論争である。[54] だが実際のところ、彼らはいずれも正しくない。空間はたんに関係の場であるだけでなく、むしろ関係と非関係の場だからである。今カイロで座っているからといって、私は日本の大阪と全く関係していないわけではない。私は原理上、いつでも大阪へと旅立つことができるからだ。しかしそうした関係は、決して完全なものではありえない。というのも、今私は大阪に触れているわけではないのだし、大阪へと旅に出てその中心に立ったとしても、私は大阪の実在性を汲み尽くしはしないだろうから。大阪という都市が私に見せる感覚的プロフィールはどんなものであれ――それがたとえ至近距離からのものであったとしても――存在の陰へと永遠に退隠する実在的な大阪とは異なっているだろう。関係と非関係とのこうした相互作用こそ、まさしく、空間を語る際に私たちが意味しているものである。この点において、ハイデガーの道具分析は、実際には空間についての議論なのであって、彼が誤って言い張っているように時間についての議論であるわけではない。空間とは、隠された実在的対象とそれに関連する感覚的性質との間の緊張なのである。

ここで時間と空間から離れて、名前を与えられることなく放置されていた二人の姉妹へと話を移そう。フッサールは、感覚的領野に含まれるのは、対象とその偶有的な表層の性質との緊張（これ

(54) G. W. Leibniz & Samuel Clarke, *Correspondence*. Translated by R. Ariew. (Indianapolis: Hackett, 2000.)〔『ライプニッツ論文集』、園田義道訳、日清堂書店、一九七六年〕

を、私たちは「時間」と名付けたのだった）だけではないということを示した。というのも、感覚的領野には、この緊張に加え、対象とその真に決定的な性質との間に、もう一つ別の緊張があるからだ。その決定的な性質は、形相的変更の過程を通じて明らかになる。形相的変更とは、例えば、ある家を様々に異なった視点から想像することで、その家から、現れては消え次々と変化する属性を剝ぎ取っていくことである。この方法の目的は、家が有する一つの内的な核、すなわちそれを知覚する人々にとってその家をその家たらしめている形相へと近づくことである。感覚経験によって把握することができない以上、形相的特徴は感覚的ではありえないと主張した点において、フッサール〔の洞察〕は鋭いものであった。形相的特徴は、カテゴリー的直観、すなわち感覚でなく知性の働きを通じてのみ知ることができるものなのである。この直観は、純粋に感覚的な性格とは区別される、対象の不可欠で決して見ることのできない特性へと向けられる。そしてこのことは、感覚的対象の統一とは相容れない、部分への分節化を含意している。ここに私たちは、フッサールとプラトンの真の類縁性を見出すことができる。プラトンとフッサールはともに、世界の表層に諸性質を位置付け、対象を深層にある隠された基体と見なす個別的実体の哲学に反対し、そうした想定を逆転させた。すなわち、彼らは世界の深層には様々な形相的性質が存在し、表層では対象がそうした性質を統一していると主張したのである。感覚的対象とその隠された実在的性質との間にあるこうした緊張を、フッサールは形相と呼んだのだった。そして最後に、人間的経験には決してアクセス不可能な、四つ目にして最後の緊張がある。隠れた実在的事物の内で起こっている、統一的で実在的な対象とその様々な実在的で隠れた特徴との間でなされる闘争のことだ。実在的対象と、その様々な実在的性質の間にあるこの緊張は、これまでつねに、本質と呼ばれてきた。ただし、伝統的な実在論は、実在的なものはあらゆるアクセスから完全に退隠していると主張したハイデガーほどに無慈悲な感覚をもつことがなかったのである。そして忘れてはならないのは、本質についての伝統的なモデルが実在的性質をあらゆる対象において例化されうる可動的な普遍者として扱っていたのに対し、本書の立場にとって性質は——ちょうど木星の衛星が自分を支配する星によって形作られているのと同じように——それが属している対象によって形成されるものである、という点である。

このようにして、時間と空間という古くからある単調な対は、対象とその性質の間にある四つの緊張——時間・空間・本質・形相——を包括する新しいモデルへと拡張されることになる。この四つの用語は、どんな順序で並べても良い。右の順序が好まれるのは、たんにこれが私にとって最も耳触りが良いからにすぎない。本書のこれまでの考察によれば、世界はちょうど、二種の対象と二種の性質に分けられる。これらから構成可能な〔対象と性質の〕ペアが、まさに他ならぬこれら四つの緊張である。時間・空間・本質・形相の相互作用は、具体性を欠いた四つの力の働きではなく、どのような仕方であれ存在するあらゆる対象に影響を与える四つの緊張の働きなのだ。だが注意しよう。このモデルの基礎には、実在的対象に加え、感覚的対象がある以上、これらの緊張はそれだけですでに、実在的な存在者と虚構的な存在者の双方を含んでいる。還元主義者ないし科学を崇拝する自然主義者にとって、これは不可能なことであり、彼らはこうした事態を適切に評価することすらできていない。というのも、彼らはあまりにも早計に、純粋に物理的な事物以外の無数の存在者を、自分たちの枠組みに適さないものとして一掃してしまうからである。

C　分裂と融合について

緊張とは、何であれ興味深いものだが、何の得にもならない場合もある。朝鮮半島で対立状態にある二つの軍隊は、ほんの些細な出来事のせいですでに五〇年以上もの間、互いに睨み合っている。両国軍は、おそらく、さらに一世紀以上は睨み合うことになるだろう。同じことは、様々な形態の対象と性質の緊張にも当てはまるだろう。現状に変化が生じるには、対象と性質の結合が解消され、新しい結合が生み出されなければならない。応用物理学的な比喩を用いるなら、融合を伴った分裂が必要なのだ。だが、融合と分裂の組以外に選択肢はなく、両者はずっと手に手を取り合って行かねばならない。というのも、対象と性質は、何らかの結合なしには決して存在せず、その結合は、別の新たな結合が生じるときには断裂してしまうはずだから。ところで、私たちは今ちょうど、本書が提示する四種の緊張に、時間・空間・本質・形相という名前を与えたばかりである。そこで、それぞれの緊張について、それが断裂したり発生したりするとはどういった事態を意味するのかということを簡単に見ておくのが良いだろう。

時間は、一つの感覚的対象とそこから飛び散る無数の特徴との間の争いとして説明された。犬や木は、その具体的ディテールを時々刻々と変化させるが、だからといって私たちは、それらをその都度異なる対象と見なしたりはしない。これこそがまさしく知覚の本性であり、私はすぐ後で、原始的な知覚は、一見心をもたないように見える存在者が位置付けられるような最下層にさえ存在すると主張するつもりである。しかしもちろん、私たちは、持続的な感覚的対象からなる変化のない光景に、ずっと注意を向けているわけではない。むしろ、私たちが対峙するものは、断続的に変化している。このことは少なくとも二つの仕方で起こりうる。あるものが、突如、それまでとは異なるものであることが明らかになるかもしれない。例えば、木だと思っていたものが本当は絞首台であったことがわかったとき、その表面的な性質は、ずっと不吉なものへと変化する。あるいはまた、ある感覚的対象から、その対象の周囲へと注意を移すこともあるだろう。例えば、イチゴからその種へ、あるいはイチゴ畑の全体へといったように。このような場合、感覚的対象とその性質との間にあった以前のバランスには、一時的な崩壊が生じており、対象は一時的に、操り人形のように自らの性質をぶら下げた統一的核として、その姿を現すことになる。こうした事象は、認識や確認と呼ぶことができるだろうが、これらの用語は、おそらくは高等な動物に限定されるはずの、複雑な認知プロセスを示すものである。ここで本当に必要なのは、人間にも岩や電子といった原始的な心にも同じように適用可能な用語である。そこで私は、こうした目的にとって十分に広いニュアンスをもった、対峙（*confrontation*）という語を用いることを提案したい。目覚めている人はイチゴやゲリラ部隊の襲撃に対峙し、眠っている人はベッドに対峙し、小石はそれがぶつかるアスファルトそのもの——アスファルトの偶有的なディテールと対立状態にある——に対峙するのである。

空間は、アクセスを超えたところに存在する実在的対象と、出会われるときにしか存在しないその感覚的性質との間にある緊張として説明された。感覚的対象が極間での分裂が必要なほどにその性質とあらかじめ結び合わされているのに対し、実在的対象は感覚的領域には存在しない。それゆえ、実在的対象と感覚的性質は、それらが融合されたときにのみ出会うことになる。このとき感覚的性質は、それまでの感覚的支配者から引き剝がされ、退隠している実在的対象の周りを――見えない恒星の意志によって操られているかのように――公転し始めるように見える。〔実在的〕対象は見ることができない。まさにそれゆえに、対象とその様々な感覚的性質とを、〔退屈な日常的経験において しばしば起こるように〕味気ないピューレへと圧縮してしまうことはできないのである。こうした融合は、〔例えば〕どんなジャンルの芸術作品のうちにも見ることができる。そして私は後ほど、ハイデガーの「壊れた道具」にもまた――厳密に芸術的なものではないにせよ――美的な印象があることを示唆するつもりである。感覚的対象との直接的接触の代わりに、私たちは、深層における無言の対象に対する暗示（allusion）を手にしており、暗示される対象は、多数の感覚的性質と曖昧な仕方で融合することになる。退隠している実在的対象とアクセス可能な表面的性質との融合を表す一般的な用語としては、魅惑（*allure*）という語を用いることができる。『ゲリラ形而上学』[55]で定義したとおり、「魅惑とは、ある事物の統一とその〔個別的性質の〕多様性の間の密接な結合が、何らかの仕方で部分的に解消される、特別で断続的な経験のことである」。

フッサールの場合、感覚的対象が偶有的で表面的なプロフィールしかもたないわけではないということは、すでに指摘したとおりである。感覚的対象は、一つの形相――その対象がそれ自身として認知されることにとって決定的な諸性質――をも有している。そうした〔実在的〕性質は、感覚的性質のように私たちに迫ってきたりはしない。感性的直観でなくカテゴリー的直観によってしか把握されない以上、そうした性質は、決して完全には現前しないのである。感覚的対象は、漠然と統一された印象を私たちに与えるが、通常は、様々な形相的特徴へと分節されておらずつねにあらかじめ自らの形相と融合している。両者の結合は、理論的な考察によってのみ、分解調査することができる。ここで理論という語は、統一的な感覚的対象を様々な実在的性質――感覚的対象がそれ自身であるために必要な性質――から分離させる分裂という意味を担うものとして理解することができる。動物や植物、飛行機もまた、何らかの原始的な意味において、理論を用いることができるのかどうかということについては、今後判断を下す必要があるだろう。だが以上ですでに、理論とは、一つの感覚的対象とその多数の実在的特性との間にある分裂の一種であることが明らかになったことになる。

　最後に、私たちは、実在的対象とその様々な実在的性質の間にある緊張として、本質を扱った。この関係はどんな経験にも決して直接には現れることがない。というのも、この二つの極はいずれ

（55） Graham Harman, *Guerrilla Metaphysics: Phenomenology and the Carpentry of Things*, p. 143. （Chicago: Open Court, 2005.）

も、あらゆるアクセスから退隠しているからである。ライプニッツは次のパラドックスを正しく見抜いていた。あるとは一つであることである。というのも、実在的対象は統一されていなければならないのだから。しかし、たんなる単位は、別の単位と交換可能なものである以上、〔モナドがそうした単位であるとすれば〕どの二つのモナドも互いに異ならないことになってしまう。それゆえに、各実在的対象は、多数の実在的特性をもたなければならないのである。さて私はここで、次のような奇妙な提案をしてみたい。すなわち、対象そのものは、それ自身の本質的特徴をもってはいないのだ、と。すでに確認したとおり、実在的対象は、自らの様々な感覚的性質との接触をもたず、ただ魅惑を通じてそれらと結びつくにすぎない。同様に、実在的対象とその様々な実在的性質は、後から分離される必要があるような結合をあらかじめもっているわけではない。それらは実際には、融合によって、すなわち何らかの媒介項によって、〔初めて〕結びつけられなければならないものなのである。奇妙なことに、美的経験における魅惑に類似したこうしたプロセスは、因果と呼ばれうる。こうした主張の先例と見なすことができるのが、作用因を巧みに論じたスアレスだ。彼によれば、存在者間の直接的な因果関係は不可能であり、諸事物はそれらの「偶有性」によってのみ互いに作用し合う。そしてこの偶有性ということで、彼が実際に意味していたのが、事物の実在的性質なのである。

四つの緊張をもっと簡潔に説明すれば、次のようになるだろう。本書の基礎を成すのは、二種類の対象と二種類の性質であり、そのどちらにも実在的なものと感覚的なものがある。興味深いのは、性質は自分と同種の対象だけと結合する必要はないという考えであった。ライプニッツやスコラ哲学者たちが見て取っていたように、実在的対象が実在的性質を必要とすることは明らかである。さらにまた、フッサール現象学が説得的な仕方で示したとおり、感覚的対象は移り変わる感覚的諸性質とつねに繋がれている。しかし、対象と性質の混合には、もう二つ、非常に変わったケースがあった。というのも、実在的対象は、感覚的性質とも結び付けられているからである。ハイデガーの道具分析に見られるように、実在的対象は、そのアクセス可能な表面的諸特性の背後へと隠れている。さらに、同じくらい奇妙なことに、感覚的対象もまた実在的性質をもつことが明らかとなった。フッサールの洞察に見られるとおり、感覚的対象は、真に実在的な諸性質から構成される一つの形相をもっており、その実在的性質が、対象の移り変わる知覚的射映の感覚的性質と対立しているのであった。このようにして、私たちは、実在的な領域と感覚的な領域の間の異種交配という驚くべき発見に至ったのである。

実在的な系統と感覚的な系統のこうした混合に、義憤を覚えるのは的外れである。というのも、それでは、実在的対象と感覚的対象は様々に異なった仕方で二つの種類の性質と関係しているという真のパラドックスが見逃されてしまうからだ。感覚的対象は、最初から、どちらの種類の性質とも関係している。私たちが経験するスイカや狂犬は、私たちが各瞬間にそれらを見るときに揺らめいている陰影からかろうじて区別されるものであり（この関係を時間と呼んだのだった）、それらが自分自身として認識されるのに不可欠な、より深い非感覚的特徴からも、かろうじて区別されるものである（この関係は、形相と呼ばれた）。こうした結合はいずれもあらかじめ存在するものである以上、それらの断裂には、最初は繋がっていた部分の間の分裂が必要となる。これだけですでに十分奇妙に思われるだろうが、本当のパラドックスはさらに先にある。経験の王国から退隠している、実在的なスイカや犬について考えてみよう。こうした実在的対象が自らの感覚的性質と内的な結合を有していると言うことはできない（両者の間の距離が、空間と呼ばれるのである）。というのも、感覚的性質は、他の誰かないし何かに対する現れにすぎないからである。スイカそれ自体は、それが見られる角度や距離、あるいはそれを覆い隠す薄暗い午後の影の濃さには、全く無関心なのだ。そうした感覚的性質は、時折、幽霊のごとく退隠するスイカを囲む軌道上に位置付けられる（これは、魅惑と呼ばれる）が、それはもっぱらアドホックな出来事であって、たとえスイカが感情豊かな生き物であろうとも、スイカにとってそれはどうでもいいことなのである。だからこの場合問題となっているのは、最初は結び付いていた二つの極の分裂でなくむしろ、以前は分離されていた二つの極の融合なのである。

だが、実在的対象とその実在的性質の間の繋がりを考えるとき、事態はより一層逆説的なものとなる。というのも、両者の間にはおそらく、以上の場合よりも密接な結合が想定されるからである。だが実際にはそうではない。実在的対象が、感覚的性質と密接な繋がりをもつなどとは考える者はいないだろうが、実在的対象と実在的性質の間にもまた、密接な繋がりなど存在しない〔からだ〕。両者の間にあるのもまた、時折しか生じないアドホックな関係である。言い換えれば、一つの対象

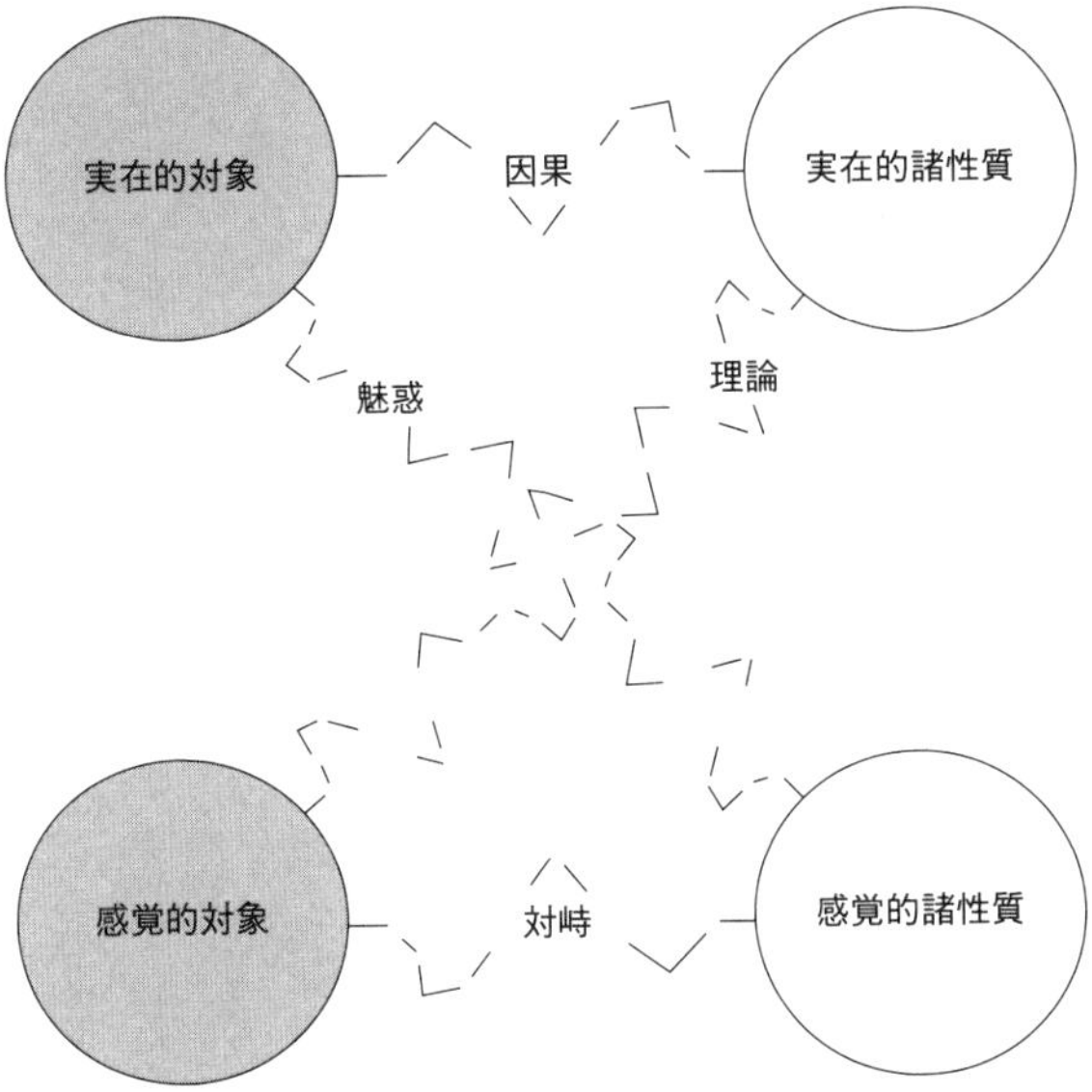

図7：壊れた繋がり

とその様々な実在的性質との間の関係（これを本書は本質と呼んだのだった）は、外部の存在者によって生み出される関係なのである。これは、相対主義的な主張ではない――存在するのは私たちに対しての現れだけであって、実在的であったり、隠されていたり、本質的であったりするものなど何もない、などと言いたいわけではない。これはむしろ相対主義に対する奇妙な代案であり、それによれば、実在的なものや隠されているもの、本質的なものはたしかに存在するが、それらは、非実在的なものや見かけ上のもの、非本質的なものの媒介によってのみ互いに連絡しているのである。このように考えると、〔例えば、〕キノコは自分自身の性質と――直接的にでもなければ、地下茎のネットワークによってでもなく――電波によって連絡しているかのように思われるだろう。実在的対象は実在的であり確固たる性格を有しているが、その本質は、外部からの因果的相互作用を通じて初めて生み出されるものなのだ。この話は、詳述するには長すぎるため、ここでは、私たちの図式の対称性からこうした奇妙な帰結が生じるということだけを確認するに留めておきたい。物理学上のモデルによって予言された新しい粒子が、後になって存在を確かめられるのと同じように〔、私たちの主張も後になってその確証が得られることになるだろう〕。

D 緊張について

とはいえ、緊張とは何であるかということは、まだ完全には明らかとなっていない。そこで、この点について明確にしておこう。まず、すでにわかっているのは、宇宙においては、多数の異なる種類の関係――厳密には一〇の関係――が可能であるということであった。しかし、その全てを緊張と呼ぶことはできない。一〇ある関係の全てが接近と分離を同時に含意しているわけではないからだ。例えば、多数の実在的性質と感覚的性質が、同一の対象の内に存在できるが、〔性質同士の〕こうした組み合わせは、私が言う意味での緊張を成してはいない。同様に、知覚主体としての実在的対象は、様々な感覚的対象と接触しており、またその主体の経験の内では多数の感覚的対象が隣接しているのだが、どちらの場合も緊張とは見なされない。四つの緊張全てに共通しているのは、どれもみな対象の極と性質の極を含んでいることである。本節では手短に、この事実がもついくつかの含意について考えてみたい。

第一に、すでに見たとおり、四つの緊張のうち二つはありふれた形で存在できるが、残りの二つはそうではないという点。感覚的対象はつねに、感覚的性質という絶えず変化する見かけと、実在的性質から成る未分節の核を伴っていなければならない。だがいずれの場合も、対象の極と性質の極との間の緊張には、二者間のある種の分裂が必要であり、そこで両者は一緒にかつ離れた状態で併置されているのである。こうした緊張は、実在的対象がかかわる二つの緊張とは、大きく異なっている。後者の場合、実在的対象は、融合によって性質とまとめられているにすぎない。それゆえ、感覚的対象ではなく実在的対象がかかわっている場合、ありふれた緊張は存在しないのである。

もう一つの問題は、以上の場合において、二つの極端なケースのうちの一つではなく、どうして「緊張」が存在するのか、というものだ。二つの極は、一方で、全く関係をもたないほどに完全な分離状態に留まるかもしれず、他方で、全くありふれた結合状態に至ってしまうほどに融合してしまうかもしれないからである。これら二つの極端なケースが、緊張へと移行できる条件を、両極のありふれた分裂（感覚的対象の場合）と分離していた極の融合（実在的対象の場合）のいずれにおいても、特定する必要がある。

第八章　様々な水準と魂

これまで私たちは、世界を実在的な領域と感覚的な領域に分離したものとして語ってきた。このことは二つの誤解を招いてしまったかもしれない。一つ目の誤解は、実在的な領域と感覚的な領域を二つの固定された場と見なし、その結果、実在的なものは全て宇宙の根底にあり、感覚的なものは全てその表面にあると想定してしまうことである。二つ目の誤解は、感覚的なものを人間の経験と、そしておそらくは動物の経験と同一視してしまうことである。第一の論点に対しては、実在的対象の特殊な領野と、それとは別の感覚的対象の特殊な領野があるのではない、と応答できる。思い出して欲しい。感覚的なものとは、知覚者との関係の下でしか存在しないものであり、実在的なものとは、そうした関係から退隠している全てのものなのである。しかし実在的なハンマーを考えれば、それは他の存在者たちがそれと結ぶであろうあらゆる関係から退隠しているだけではないということが分かる。ハンマーは自らを構成している諸対象の間の関係から構成されてもいるのだ。

そしてこのことは、どんな対象も部分をもたねばならない以上（そうでなければ、対象は区分なき一つの塊となってしまうだろう）、対象の無限後退を示唆している。また、第二の論点についていえば、心的なものが動物にのみ関連するものであるというのは正しくない。人間だけでなく全ての対象が、感覚的対象とその様々な感覚的性質との闘争に出会っていると言ったからといって、人間の心理的な特性を人間でない存在者に投影することにはならない。というのも、どんな存在者も感覚的対象に出会っているということが判明したとしても、その経験は、視覚優位で知的な性格を有する人間的生とは、ほとんど似ていないだろうから。私たちは、人間とは別の生物であるとはどのようなことかを「知る」ことはできず、ハンマーやキノコや中性子の隠れた実在性を知ることもできない。しかしだからといって、それらの事物について全く何の知識ももちえないということにはならないのである。

A　対象の様々な水準

哲学史において、二世界論に出くわすのは珍しいことではない。それは、〔真に〕存在するものは全て、二つの世界の内どちらかだけに属している、という考えである。有名どころとしては、完全なイデアと洞窟の影の間の亀裂を説いたプラトンや、叡智界と現象界を区別したカントが挙げられる。そうした分離は、ハイデガーの道具分析において、再び顔を出している。私はそれを対象指向存在論の要を成すものとして説明したのであった。簡単に言えば、ハイデガーにとって、存在者は二つの場所にしか見出されない。すなわち、存在者は、地下に隠蔽された状態で静かにその役割を果たしているか、心の前にはっきりと現れて火花を散らしているかのいずれかである。そして本書は、無生物的な対象でさえも、互いを手前性へと還元し合っていると主張することによって、ハイデガーの分析の徹底化を試みてきた。だがこれには次のような疑問が生じるかもしれない。すなわち、それは、より包括的になっただけの、対象と関係の二世界論ではないのか、と。だが私たちは、二世界論に反対する必要がある。あらゆるものを単一の内在平面へと平板化したいからではない。そうではなく、対象と関係は、〔そもそも〕地図上に固定された二つの点ではないからだ。むしろ、あらゆる存在者には、二つの側面がある。私たちは、二世界論の代わりに、ヤヌスの旗印の下に生まれる二面論の哲学について語るべきなのである。

ライプニッツの場合を考えてみよう。彼は残念なことに、実体（substance）と寄せ集め（aggregate）の間に区別を設けてしまっている。〔ライプニッツにおいて〕ダイヤモンド、人、馬、木といった個別的存在者は、いずれもモナドをもつと言われるだろう。〔だが、〕彼のいう「寄せ集め」や「概念上の存在（things of reason）」は、モナドをもたない。というのも、これらは、自然的事物がもつとされる実在的統一を欠いているからである。寄せ集めとは、例えば、接着された二つのダイヤモンドや手を握り合った人々の輪、騎兵隊、あるいは全体としてのシュバルツバルトなどのことである。要するに、ライプニッツの二世界論は、個別的存在者に対して宇宙の一定の場所を割り当てる機能をもった分類法なのである。さて、ハイデガーの理論は、こうした立場を回避しているように思われる。というのも、彼は同一のハンマーが、手許性と手前性という二つの世界に属していると見なすことができるからである。だが、ハイデガーには、事物の存在以上に深いものが全く認められていない、という問題が残っている。ハンマーを隔離された道具存在と見なすとき、私たちはすでにそれを宇宙の底に見出しているのである。こうして私たちには、真の存在と派生的な現前との間にある単一の隔たりを跨いだ、光と影の絶え間ないせめぎ合いと、現前の唯一の場としての人間的経験だけが残されることになる。だがこの理論は間違っている。私は、手前性におけるハンマーと、影の中へ退隠するハンマーとを区別しているという点で、進んでハイデガーに追従してきた。しかしそうだとしても、地下にあるハンマーは、宇宙の究極的な基盤ではありえない。ハンマーはたしかに、他の対象と結ぶことが可能などんな関係より深いものではある。しかし、ハンマーはそれ自身、関係から形成されてもいるのである。

言い換えれば、一つの対象は二つの形態において存在すると考えるだけでは十分ではない——すなわち、対象は一方でそれ自体で存在し、他方でそれは何らかの関係に現れるという仕方で存在すると言うだけでは不十分である、ということだ。対象とは、むしろ、塀で囲われた孤島のようなものであって、二つの点において、関係とは区別されるのである。というのも、ハンマーは、人間やその他の存在者とのあらゆる個別的な接触から退隠しているだけでなく、自らを作り上げている構成要素から創発するものでもあるからだ。ハンマーをその外面的な関係、例えば、他の事物との関係においてのみ存在するフッサール的な現象やラトゥール的なアクターへと還元してしまえば、ハンマーを埋却することになってしまう。反対に、ハンマーとは、その部分の総和に対するニックネームにすぎないと言ってしまえば、それを解体すること、つまりハンマーを、その素材のたんなる随伴現象へと還元することになってしまう。とすれば、実在的な道具存在としてのハンマーが、宇宙の基底に位置付けられるものでありえないことは、もはや明らかだろう。というのも、そうしたハンマーの下ではその構成部分が層をなしており、さらにその下にはまた別の層があり、さらにその下には、ということを延々と述べることができるのだから。カントのアンチノミーによれば、部分は無限に後退するか否かという問いに答えることはできない。しかし私は、構成要素へのこうした後退は不定でなく、無限とさえ呼べるものであると主張したい。実在的であるとは、結局のところ、多数の実在的性質と多数の知覚される性質をともに有していることである。そして、対象はそもそも一つの統一でなければならない以上、対象の性質の多数性は、その部分の複数性からしか生じえないものである。それゆえ、部分のない対象は存在しないことになり、その結果として、無限後退が生じることになるのである。無限後退は、しばしば簡単に嘲笑の的となってしまうが、これに代わる選択肢は二つしかなく、そのいずれも無限後退よりずっと酷いものである。無限後退の代わりに、有限後退という選択肢をとることができる。この場合、ある究極要素が、それよりも大きい全てのものの素材だということになるだろう。あるいは、後退など存在しないと主張することもできる。その場合、人間の心に対して現れるものの背後に、深層など存在しないことになる。これら二つの選択肢は、解体および埋却として批判されてきたものであった。無限後退が「果てしなく重ねられた亀〔三〕」の理論として嘲笑されるのだとすれば、有限後退を持ち出すことは究極の〈全能の亀〉信仰にすぎず、後退なし理論は、中身の抜けた亀の甲羅の上に築かれた世界を擁護するものにすぎないのである。

ハンマーが宇宙の基礎でないのと同じく、人間によるハンマーの知覚が宇宙の屋根である必要もない。実在に対する人間の関係は、しばしば超越の関係と見なされている。無生物的な存在者が世界の騒乱のうちに閉じ込められているように見えるのに対し、人間はそうした世界を越えて、風が吹き星が輝く自由の空間へと至り、事物を事物「として」見通すことができると信じられているのである。だがこれは誤りである。というのも、存在者と私たちの関係はそれ自体、統一的対象となることができるのであって、そうした関係は、私たち自身を含むその他の全ての存在者の監視から退隠しているものなのだから。結婚、仕事上での協力関係の構築、外国人部隊への加入などの場合がそうだ。これらの繋がりが有する様々な含意に対し、当事者が完全にアクセスすることは決してできないのである。人間の意識は宇宙を超越し、科学という中立的な虚空からそれを観察するのではなく、実在の中間層をいつまでも掘り進んで行くものであって、自らが属しているより大きな対象にも、意識から退隠している道具存在にも気づくことがないのである。しかし後に示すとおり、下への無限後退はあっても、上への無限後退は存在しない。宇宙を大海に見立てるなら、それは底をもたず、洋上では対象が荒れ狂っており、その上にはただ虚ろな空が広がっていることになるだろう。

B　対象の内部

ブレンターノが「志向性」という中世の用語を再導入したとき、彼は「志向的内在（intentional inexistence）」というより長い言い回しも用いていた。ここで、内在（inexistence）は、「存在しないこと（nonexistence）」ではなく、或るものが他の或るものの内に存在することを意味している。つまり、どんな心的作用も、その作用が差し向けられるものとして、対象を含んでいるということだ。ブレンターノにとって、心的実在だけが対象を含むことができるものであり、そのため彼は、心的実在を物理的実在から区別した。同じことは、ブレンターノの弟子フッサールにも当てはまるが、フッサールにおいて、物体的実在の占める場所は師の場合よりもはるかに狭くなっている。さて私ももちろん、この内在的客体性（immanant objectivity）の概念を支持している。というのも、本書の柱の一つである感覚的対象は、志向される限りにおいて存在するものだからだ。とはいえ、この点に関するブレンターノとフッサールの考えには修正が必要である。理由は二つある。第一に、感覚的対象が位置付けられるのは、心の中ではありえない。というのも、心と心の感覚的対象はいずれも、より包括的な対象の内部に位置づけられるものだからである。私が木を知覚するとき、この感覚的対象と私は、私の心の中でお互いに出会っているわけではない。理由は単純で、私の心とそ

〔三二〕　ここでは、スティーヴン・ホーキング『ホーキング、宇宙を語る』（林一訳、早川書房、一九九五年、一五―一六頁）の冒頭の逸話が参照されている。

の対象は志向という働きにおける二つの対等なパートナーであり、それらを統一する項はその双方をともに含んでいなければならないからである。心が部分であると同時に全体であることは不可能である。その代わりに、心とその対象はともにより大きな何かに包括される。すなわち、両者はいずれも、私と実在的な木との関係を通じて形成される対象の内に存在する。そしておそらく、その実在的な木は、日常生活において見られる木とは全く異なっているものなのである。第二に、ブレンターノの、物理的存在者は心的存在者と異なって内在的対象をもたないという考えは、二つの異なる存在論的な構造を、誤って対象の二つの異なる種類に帰してしまっている。これは〈分類の誤謬〉と呼ぶことができるだろう。というのも、物理的事物と心は、正確には、いずれも対象であると言うべきだろうから。対象である限り、両者はいずれもあらゆる関係から退隠しているのであって、それらがそれら自身であるという役割を果たしているにすぎない。物理的事物と心はいずれも、他の事物と実際に関係している限りにおいて様々な対象と対峙しているのであるが、そうした対象は——特権的な心的主体の場合にそうであるように——それら自身に内在しているのではなく、それらをその内に迎え入れるより大きな対象の内に在るものなのだ。〔以下では、〕これらの論点を一つずつ確認していきたい。

　第一に、対象にかんする様々な偏見を捨て去る必要がある。対象とは、まずもって、一定の大きさをもった物理的固体である、という非常に根強い考えがある。また、そうした事物は通常、一定の耐久性をもつため、私たちは、対象には時間の経過に耐えるだけの強度が必要だと考える傾向にある。さらに、物理的な事物を〔対象の〕モデルとしているために、私たちは通常、対象は等質的である方が望ましいと考える。数十億の原子を含んでいるからといって岩を一つの対象と呼ぶことには躊躇いを感じることはほとんどないが、非常に異なる種類のものから構成されるEUを一つの対象と呼ぶことには抵抗がある、というわけだ。しかし、こうした先入観は全く根拠を欠いている。本書の観点から言えば、対象とは、それが置かれたより広い文脈からも、またそれ自身の部分からも自立した、統一的実在性を有する全てのもののことである。もしハンマーがその様々な用途以上の何ものでもないとすれば、それはハンマーというよりむしろハンマーのイメージにすぎない。同様に、ハンマーがその部分の集まりでしかないとしたら、それはハンマーというよりむしろ山積みの原子にすぎないだろう。だがハンマーは——そうした分子なしには存在できないとはいえ——分子の配列がある程度変化しても同一のハンマーであり続けることができる。これはしばしば、余剰因果として知られる原理である[56]。

さて、以上の議論は、私がこれから言うことに対する不信感を払拭するためのものであった。私はこう言いたいのだ。すなわち、どんな関係も直ちに新しい一つの対象を生み出すものである、と。いくつかの要素が配置されたとき、それら〔の単なる集合〕を超えた一つの事物が生じ、さらにその

(56) 例えば、次を参照。Manuel DeLanda, *A New Philosophy of Society*, p. 37. (London: Continuum, 2006.)〔『社会の新たな哲学——集合体、潜在性、創発』、篠原雅武訳、人文書院、二〇一五年〕

事物がその内部構成の変化にある程度耐えることができるなら、配置された諸要素は、いずれも実在的対象として互いに真の関係を築いているのであって、それぞれの感覚的な外観に衝突しているだけではないのである。とすれば、私たちが、私たちの外部にある実在的対象とどうにかして接続し、感覚的な木や郵便受け、黒歌鳥等の知覚を生じさせている限りにおいて、どうにかしてその実在的対象と結び付き、一つの新しい実在的対象を形成していることは明らかである。たしかに、知覚とは、純粋に物理的なものではなく、一時的で、非常に異質的な部分から構成されているものではある。しかしそうした事実によって、知覚から対象としての身分が剝奪されてしまうのだとすれば、それは対象とは何であるかということについての無用な伝統的見解を受け入れているからにすぎない。というのも、実際のところ、私による木の知覚は、対象としての基準を満たしているのだから。私による木の知覚は、一つの知覚である以上、明らかに統一されている。さらにこの知覚は、孤立した諸部分へと還元不能な新しい何かでもある。というのは、私も木も、単独で木の知覚を生じさせるものではないのだから。さらに言えば、木の知覚には、それを描写するどんな試みよりも深い実在性がある。だからこそ、現象学の実践というものは非常に手の込んだものなのだ。しかし、私と木の関係が一つの新しい対象を形成するとすれば、その対象の実在的な部分としての私は、この対象の内に自らを見出し、〔この関係の〕もう一方の部分の単なるイメージと対峙することになるのである。

こうして私たちは、対象の内部に、すなわち実在的な私と感覚的な木との間に、非対称性を見出すに至る。次のような二元性は避けることができない。すなわち、ここにはつねに、実在的対象が感覚的対象だけにそっと触れるような非推移的な接触が存在するのである。木の方も私と関係しているのだとすれば、その関係もまた、分離しながらも関係している一つの対象の内部で発生しなければならないのだ。よくある誤りは、〈分類の誤謬〉に従って、こうした非対称性は、二つの異なる種類の存在者の交差の帰結であると想定してしまうことである。この想定のもとでは、「心」がつねに実在的対象である一方で、「身体」は心の前に幻影として現れる宿命にあり、それ自身では決して〔何かを〕知覚することができなくなってしまう。だが実際のところ、物理的身体は他の様々な存在者と出会っているのであって、物理的な身体がそれらを汲み尽くせないのは、人間の心と同じことなのだ。それゆえ、真の二元性は、心と身体の間でなく、実在的対象と感覚的対象の間にある。実在的な石や木は、いくらか原始的な仕方で、他の存在者の感覚的な具体化に出会っているはずなのだ。しかしこう言うと、本書の主張は汎心論ではないのか、という懸念は避けられないだろう。

C　汎心論について

一般に、岩や炎といった無生物的な対象と人間の間には、橋渡しできない裂け目があるように思われている。人間はただ物理的に世界のうちに位置付けられているだけでも、衝撃を与えたり受けたりしているだけでもない。私たちは、世界の内で自分たちが置かれている苦境にはっきりと気づいてもいる。それゆえに、人間には、世界という生地に入った裂け目、あるいは宇宙という宝石に入ったひびとでもいった、特別な存在論的身分が与えられているように思われる。人間の思考は、ある種の悲劇や呪文によって、他の存在者を自らに対して現れさせるために、どうにかして、物理的な衝撃のやり取りだけの世界から脱しようとする。これこそが、おそらく、カント以降の哲学に共通の重要な論点なのだ。たしかに、カントのいわゆるコペルニクス的転回以降、私たちを超えたところに実在なるものがあるのかどうかという点については、哲学者の間でも意見が分かれるところかもしれない。しかし、人間と世界の関係が、他のあらゆるものにとっての基盤であるという点、あるいは少なくともそれらにかんする知識にとっての基盤であるという点においては、ほとんどの哲学者の間で意見が一致している。雹と海との衝突には、観察者がいなければ、人間と海の衝突と同等の存在論的身分を認めるわけにはいかない、というわけである。こうした立場をとる者は、通常、動物の問題を巧妙に回避するため、動物の心的生は、意識のない機械と人間の完全な超越との間のどこかで立ち往生してしまうことになる。動物の心の本性を人間的な認識を欠いたものとして説明しようという試みは、これまで様々な形でなされてきた。例えば、私たち人間を動物から区別するのは「言語」や「として」構造であるといった主張のことである。だがそうした試みが動物の問題に光を投げかけることはほとんどなかったと言って良いだろう。例えば、ハイデガーは有名な一九二九／三〇年の講義(57)で、動物は世界「貧乏的」だと高らかに謳っているが、そこで有益なことは何一つ言われていないのである。

これに対し、対象指向存在論は、人間と世界の関係には何の特権もないと主張する。ホワイトヘッドが、他の全ての関係を構成する、関係の原始的形式として「抱握（prehension）」という単一のカテゴリーを提起してくれたおかげで、カント的な人間と世界の二極支配は手強い敵に遭遇することになった。この新しい敵に対するありふれた反論には、ほとんど学ぶべきところがない。それは大抵の場合、「人間によるこのテーブルの知覚は、その上に置かれるときに石に起こっていることとは違うと思う」だとか、あるいは「なぜ何もないのではなく何かがあるのか、と喋るようにオウムに吹き込んだときには知らせてくれ」などといった、当て擦りにしかならないだろう。こうした類の皮肉交じりの反論は、的外れである。理由は単純で、無生物的な存在者が、言語や感情、認識、予測、夢といった様々な心的能力が詰まった人間の道具箱をもっているなどといったことは、誰も主張していないからである。木や家が、詩を書いたり、ノイローゼに苦しんだり、失敗から学んだりすることを示す証拠は、〔もちろん〕存在しない。問題は、人間と人間でないものとの間にあるこの明らかな違いが、基礎的な存在論的亀裂と見なすに値するものなのかということである。というのも、人間は世界における決定的な断裂であるという想定は、私たちの先入見にすぎないからだ。

(57) Heidegger, *The Fundamental Concepts of Metaphysics: World-Finitude-Solitude*. Translated by W. McNeill and N. Walker. (Bloomington, IN: Indiana University Press, 1995.)〔『形而上学の根本諸概念――世界 - 有限性 - 孤独』前掲書〕

たしかに、人間と鉱物の差異は非常に大きなものではある。しかし、輝く星とブラックホール、あるいは狩猟採集民族とひも理論家もまた、互いに非常に異なるものだ。重要なのは、いくつかの基礎的な存在論的対立が存在者のいくつかの種類と同一視可能であると想定する〈分類の誤謬〉を回避することなのである。

宇宙の基礎的な亀裂は、実際には、対象と関係一般の間、つまり、あらゆる関係の外部にある諸対象の自立的な実在と、他の対象の感覚的生におけるそれらのカリカチュアとの間にある。植物や菌類に動物、そして人間が、たとえどんなに特殊な特徴をもっていようと、それらは、対象と関係の間にある、複雑な形態の隔たりにすぎない。これはちょうど、水素やヘリウムからこれらよりも重い元素が生じるのと同じことである。しかしだからといって、心の特性は、神経科学やひも理論に還元可能なものではない。というのも、私たちの原則に従うなら、何らかの特定の種類の存在者が宇宙の他のあらゆるものの基礎的要素となることはありえないからである。実際には、あらゆるものが、隠された対象とそれが他の対象に対して現れる際の歪んだ姿や変形した姿との間の抗争状態に置かれているのである。こうした主張はたしかに汎心論的な印象を与えるだろう。そして汎心論は、人間に特権を与えるカント以降の時代背景の下では、広く馬鹿げた仮説だと思われている。しかし近年、それは名誉を回復しつつある。デイヴィッド・スクルビナの見事な総説『西洋における汎心論』[58]は、このことを非常に明瞭な形で示し、少なくとも二つの重要な指摘を行っている。第一に、スクルビナによれば、汎心論は、これまで一度も単なる狂人の妄想であったことはなく、（東洋哲学はもちろん）西洋の哲学のほとんど全ての時代において見出されるものである。第二に、彼によれば、汎心論は、人間の特性を石や原子に投影する必要はない。哲学は、実際、対象の様々な水準における魂の様々な水準を、真剣に思弁する必要があるのだ。この未踏の領域を、私は「思弁的心理学」と呼ぶことにしたい。

汎心論の基礎的な考えは、感性豊かな植物や涙を流す鉱物といった空想とは全く関係ないものだ。汎心論とは、むしろ、カントの革命の拒否からの直接的な帰結なのである。あらゆる関係が同等であり、またどんな関係も同じようにその関係項の深みを汲み尽くすことができないのだとすれば、事物の間には媒介的な接触が可能でなければならない。そうした接触が取ることができるのは、感覚的な形式だけである。というのも、事物が出会うことができるのは、他の対象の変形ないし歪曲された姿だけなのだから。対象は他の対象に対象「として」出会うのではないと反論したところで、その「として」の意味が明確化されない限り、何も解決したことにはならない。炎は、自分が燃やしている綿について考えたり、自らの暴力的な行いについて罪悪感や哀れみを感じたりはしないだろう。しかし、それでも炎は綿に間接的に接触する。というのも、（アシュアリー派の機会原因論者が最初に見抜いたとおり）直接的な接触は不可能だからである。こうして、感覚的領野だけが、接触が可能な領域として残されることになる。炎の秘められた内的生を想像することは、たしかに困難で

（58） David Skrbina, *Panpsychism in the West.* (Cambridge, MA: MIT Press, 2005.)

はあるだろう。だが私は、物議を醸すことを承知で、さらにこう主張したい。すなわち、無生物的な対象の感覚世界は、たんに性質の束と出会うだけでなく、人間と同じように、感覚的対象と射映との間にあるフッサール的な亀裂にも直面しているのである、と。

D 多心論について

感覚的対象とその様々な性質との間にある亀裂は、人間の知性や動物の感覚能力の特殊な特徴ではなく、関係一般の基礎的な特徴である。あらゆる対象がカリカチュアという感覚的領野に出会っているということが理解された今、この亀裂から逃れるための選択肢は二つしかない。すなわち、対象が出会うのは、鮮やかな離散的性質の集合であるとするか、あるいは、区別をもたないドロドロとした一つの塊であるとするかのいずれかである。前者の説明が上手くいかないのは、性質は空虚において出会われるものではなく——茂みの緑や絞首刑執行人の覆面の黒という形で——つねに何らかの感覚的対象から生じたり発せられたりするものであるからである。無生物的な対象でさえ、自分が利用可能な全ての与件に反応するわけではない。とはいえ、テーブルの表面のごくわずかな振動が何らかの仕方でペーパーウェイトに影響を与える場合でも、ペーパーウェイトが出会うのはあくまでテーブルとしてのテーブルである。後者の説明は、より単純な理由で、すなわち、個別的な質的性格をもたない対象はそもそも感覚的対象と呼べないだろうという理由で破綻している。ペーパーウェイトは「感覚的対象一般」によってではなく、テーブルによって支えられているのだ。

もしそうでなければ、ペーパーウェイトには、溶けたり吹き飛んだりすることなくテーブル上に置かれている理由がなくなってしまうだろう。残された選択肢が正しいものだ。すなわち、感覚的対象とその性質の間にある亀裂は、動物や人間の心の際立った特徴というわけではなく、関係そのものの構造に属すものなのである。そうした亀裂の可能なバリエーションを考察することで、いつの日か思弁的心理学が成立し、哲学は、原子を金や苔、蚊やネアンデルタール人、熊などから区別する様々な構造プレートへと導かれることになるだろう。

汎心論は決して嘲笑われるべきものではない。とはいえ、私は汎心論（panpsychism）が、「全ての」を意味する、pan-という接頭辞を用いていることを擁護できない。それゆえ、私は多心論（*polypsychism*）という言い方をすることにしたい。そうすることで私は、経験をもつ存在者のリストは、たしかに、既存のあらゆる制限を超えて増大すべきではあるが、しかし全ての存在者にまで拡張されるべきではない、という点を強調したいのである。だがそれは、埃やゴキブリや空のペットボトルは哲学のスラム街へと追放されるべきだが花や電子は魂という栄誉に与かることができるとでもいうかのように、魂の範囲の民主主義的な拡張からひと握りの卑しい対象を排除するためではない。というのも、私たちは、「知覚している（perceiving）」や「知覚していない（non-perceiving）」という言葉を特定の種類の存在者に割り当てる〈分類の誤謬〉をつねに避けなければならないからだ。「知覚している」と「知覚していない」は、実際には、異なる時点における同一の存在者のうちに見出されるべきものなのである。これらは対象のタイプというよりはむしろ対象の存在様態なのだ。重要なのは、（汎心論が主張するように）対象は存在する限りにおいて知覚するのではないという点である。対象は、実際のところ、関係する限りにおいて知覚するのだ。思い出そう。「知覚する」とは、より大きな対象の内部で感覚的対象と出会うことであり、実在的対象がそうした内部に位置付けられるのは、実在的対象をより包括的な対象の構成要素とする関係のおかげであった。とはいえ、全ての存在者があらゆる瞬間に自らをそうした関係の内に見い出すと考えるべき理由はない。たしかに、実在的対象は、下方に連なる無数のより小さな要素から生じるものではある。しかし、そのことからは、実在的対象がさらなる関係に組み込まれたより大きな対象の構成要素とならねばならないということは帰結しない。これはちょうど、ある動物の背後に、長く途絶えることのなかった先祖の系譜があるからといって、その動物自身の繁殖が保証されるわけではないことと同じである。宇宙に底はないが、表面はある。宇宙に無限後退はあるかもしれないが、無限の前進はない。一つの宇宙と呼ぶことができるような、最終的に全てを包括する対象は存在しないのだ。

要するに、全ての対象がつねに知覚しているわけではなく、いくつかの対象は眠っているか、休眠状態にあるということだ。人間の睡眠は決して意識や関係の完全な中断ではないとはいえ、この比喩は示唆に富んでいる。夢は、遠くの鐘の音や召使いが部屋に入ってくるぼんやりとした印象と同じように、睡眠中の人の心の中に入り込んでくる。だが休眠状態にある対象の眠りは完全であり、その状態において存在者は、さらなる関係を結ぶことは一切ないにもかかわらず、実在しているだろう。ただし、この完全な眠りは死のようなものではない。死んだ対象はもはや実在的でないのに対し、休眠状態の対象は実在的ではあるがたんに関係を欠いているにすぎない。対象が実在的であるのは、それが自らの部分の一定の変化に耐えることができるほどに自立した単位を形成するときである。このことは他の存在者とのさらなる関係を必要としない。それは、先に見たとおり、実在的対象はそうした関係より深いところにあり、他の存在者と関係を結ぶ場合であっても、そうした関係が実在的対象それ自体に持続的な影響を与えることはないからだ。この点において、休眠状態の対象は、私たちが探求可能な対象のうち最も純粋なものである。休眠状態にある対象は部分をもつ以上、完全に孤立しているわけではない。しかしそうした対象は、何かの部分とはなっておらず、それゆえに知覚しないのである。原理的には、いくつかの対象が永遠に休止状態のままであることもありうる。そうした対象は——永遠に海面を漂う水滴のように——完全に実在的なものであり、発見されたり、撫でられたり、利用されたりして、より高次の対象へと組み込まれることもない。しかし、あらかじめ関係が与えられていないのだとすれば、休眠状態の対象はいかにして、突如目を覚まし、関係を結ぶことができるのだろうか。これはなお解明が必要な論点である。

　読者はいまや、対象指向哲学の基礎的なモデルを手にしている。そこにあるのは、二種類の対象（実在的対象と感覚的対象）と、二種類の性質（実在的性質と感覚的性質）である。実在のこれら四つの極は孤立したものではなく、様々な組み合わせにおいて、つねに互いに抗争状態にある。それらの組み合わせのうち、一つの対象の極と一つの性質の極の間の特殊な緊張を含むものは四つあり、それらは時間、空間、本質、そして形相と名付けられたのであった。様々な謎とパラドックスがこのモデルから生じるが、パラドックスとは、モデルの価値についての最も説得力のある証拠なのである。

第九章　存在地誌

私たちが素描してきたモデルには、四つの極がある。二種類の対象と二種類の性質である。次にすべきは、これらの極の様々な組み合わせを考察し、それら極が相互作用する仕方を理解すること、そして私たちのモデルが説得力をもち、有益なものであることを示すことである。説得力がなければ、本書のモデルは、素人的ないし風変わりな世界体系の一つにすぎないものに近づくことになるだろう。有益なものでなければ、世界を構造へと抽象化するという不毛な頭の体操をしているだけになってしまう。カントは世界をカテゴリーへと切り分けただけでなく、それらがいかにして、人間の不変の関心事に対して適用可能なのかということを示そうともした。フロイトもまた、夢が願望の充足であることを突き止めて終わったのではなく、その洞察を展開して、精神病理の理論を完成させ、最終的には人間文化一般の理論を完成させるに至ったのであった。哲学の名に値するためには、彼らと同程度の豊穣さを追求しなければならない。

四つの要素をもつグループであれば、どんなものであれ、原理上、一〇の組み合わせを作ることができるはずである。トランプについて考えてみよう。トランプには明確に四つのスート〔マーク〕があるからだ。ダイヤのカードは、他のダイヤのカードとペアになることもできるし、ハートやクラブ、スペードともペアとなることができる。しかし、これらは形式的な可能性にすぎない。現実の世界では、さらなる制約がかかるため、それらのうちいくつかの組み合わせは不可能かもしれないからだ。〔すると、〕そうした組み合わせを記述し、分類する作業に、名前が必要となる。そこで私が採用するのは、〔もともとは〕賞賛というより嘲笑するために作られた言葉である。ある古典的な怪談において、イギリスの作家M・R・ジェームズは、一人の学者先生に、「存在地誌（Ontography）の教授」という肩書きを与えた。[59] グーグルでざっと検索する限り、この「存在地誌」という語は近年、いくつかの真面目な研究の名称としてときおり用いられてきたようだ。だがそのいずれにおいても、この語は広く受け入れられてはいない。とすれば、まだチャンスがあるということだ。そこで私たちも、ジェームズの造語を、本章で説明される主題の名称として拝借することにしよう。地理学が森林や湖といったありふれた自然の対象を扱うのに対し、存在地誌は、対象の宇宙における基礎的なランドマークや断層を記した地図を描くものである。

A　族の分類

〔四つの極の〕組み合わせに対するさらなる道具立てとして、略称を用いることができる。哲学に

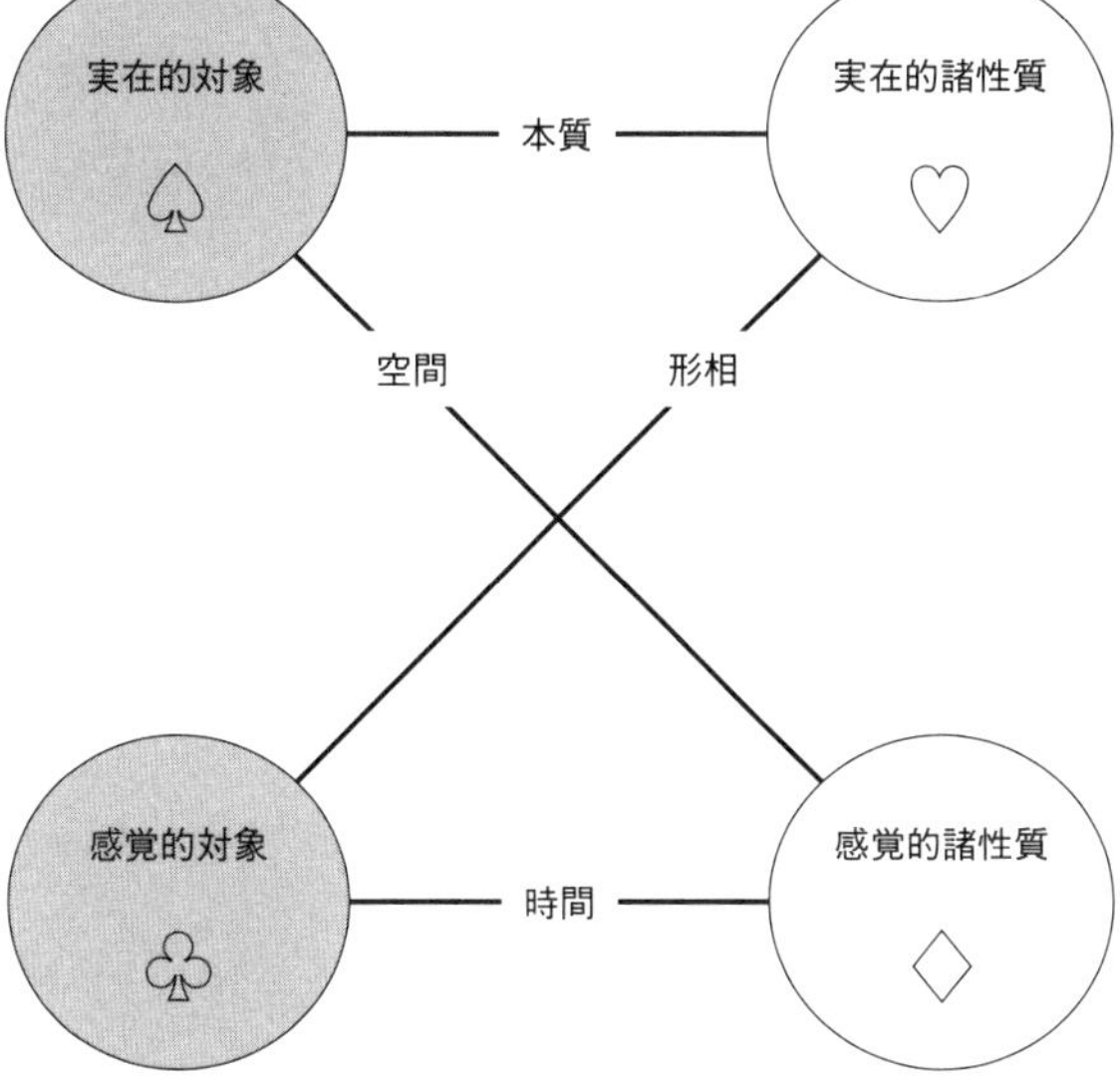

図 8：四つの緊張

おける省略表現の乱用は、ともすると、読者を惑わせる不毛な技術的作業のような印象を与えかねない。だが世界の四つの極を本来の長い名称で呼ぶ手間を省くためには、少数の略称で十分である。こうした考えに則って、私たちはすでに、実在的対象には「RO」、実在的性質には「RQ」、感覚的対象には「SO」、そして感覚的性質には「SQ」という略称を用いてきた。明確なイメージを与えるため、トランプの比喩を続けることにしよう。一般的なトランプのデッキに赤と黒のスートが二種ずつあるのとちょうど同じよ

（59） M. R. James, "Oh, Whistle, and I'll Come to You, My Lad," p. 57. In *Casting the Runes and Other Ghost Stories.* (Oxford: Oxford University Press, 1987.)〔伊藤欣二訳「若者よ、口笛吹けば、われ行かん」、由良君美編『イギリス怪談集』所収、河出文庫、一九九〇年、四五―七六頁〕

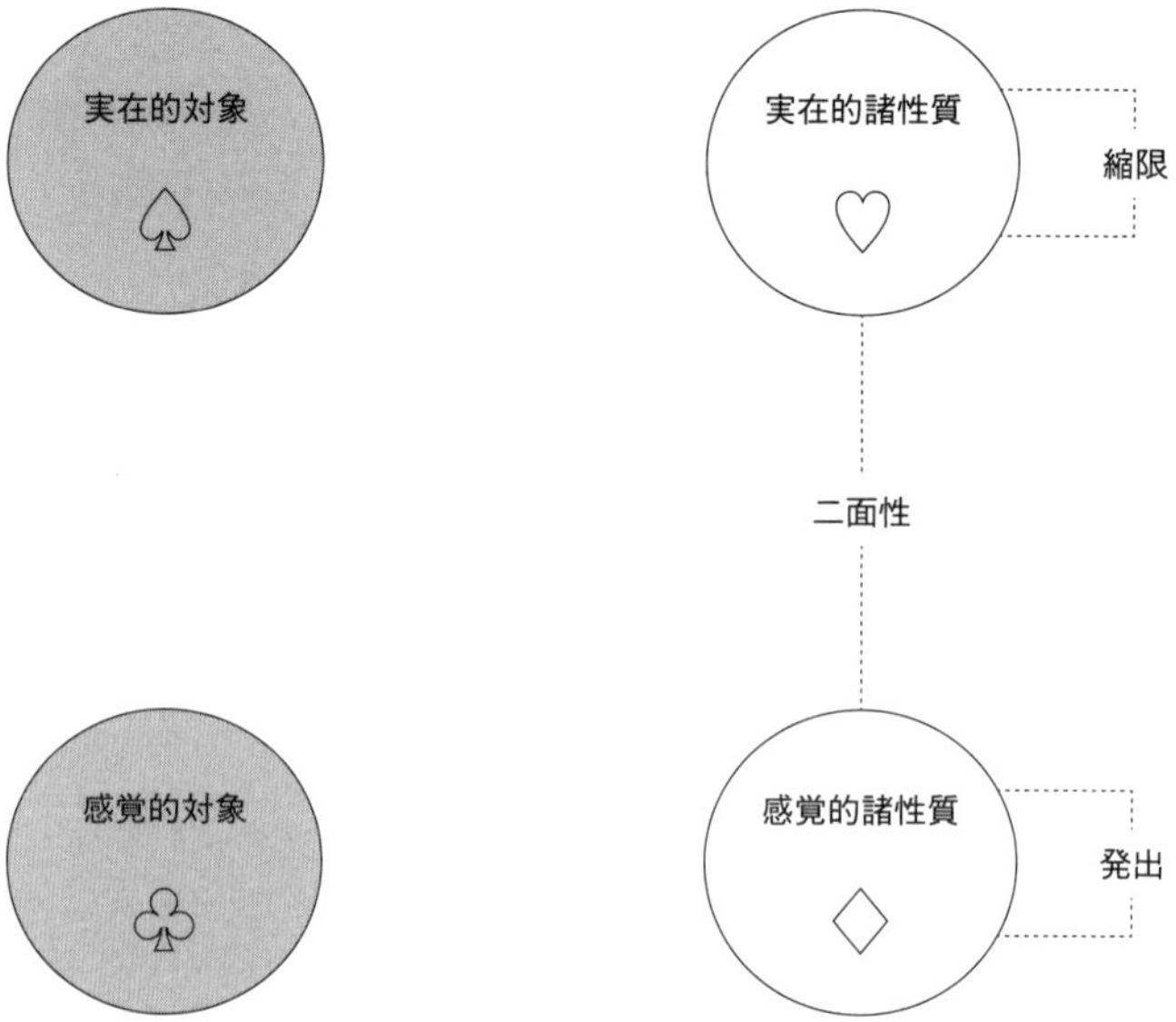

図９：三つの放射

うに、存在地誌は、対象と性質に、それぞれ二つの「スート」を認める。そうしたイメージをもてば、異なる種類の組み合わせが、どのように分類されるのかが想像しやすくなるだろう。まず気づくのは、赤と黒のスートの組み合わせは四通りあり、したがって対象と性質の組み合わせも四通りあるということだ。すなわち、RO-RQ、RO-SQ、SO-SQ、SO-RQの四つである。これらは全て対象と性質の組み合わせであるから、異種的ペアと呼ぶことができるだろう。赤と黒から成る四つの組み合わせのことである。同じように、同色のスート同士の組み合わせ方は三つある。例えば、赤のスートの場合、ハートとハート、ダイヤとダイヤ、ハートとダイヤのことだ。存在地誌にお

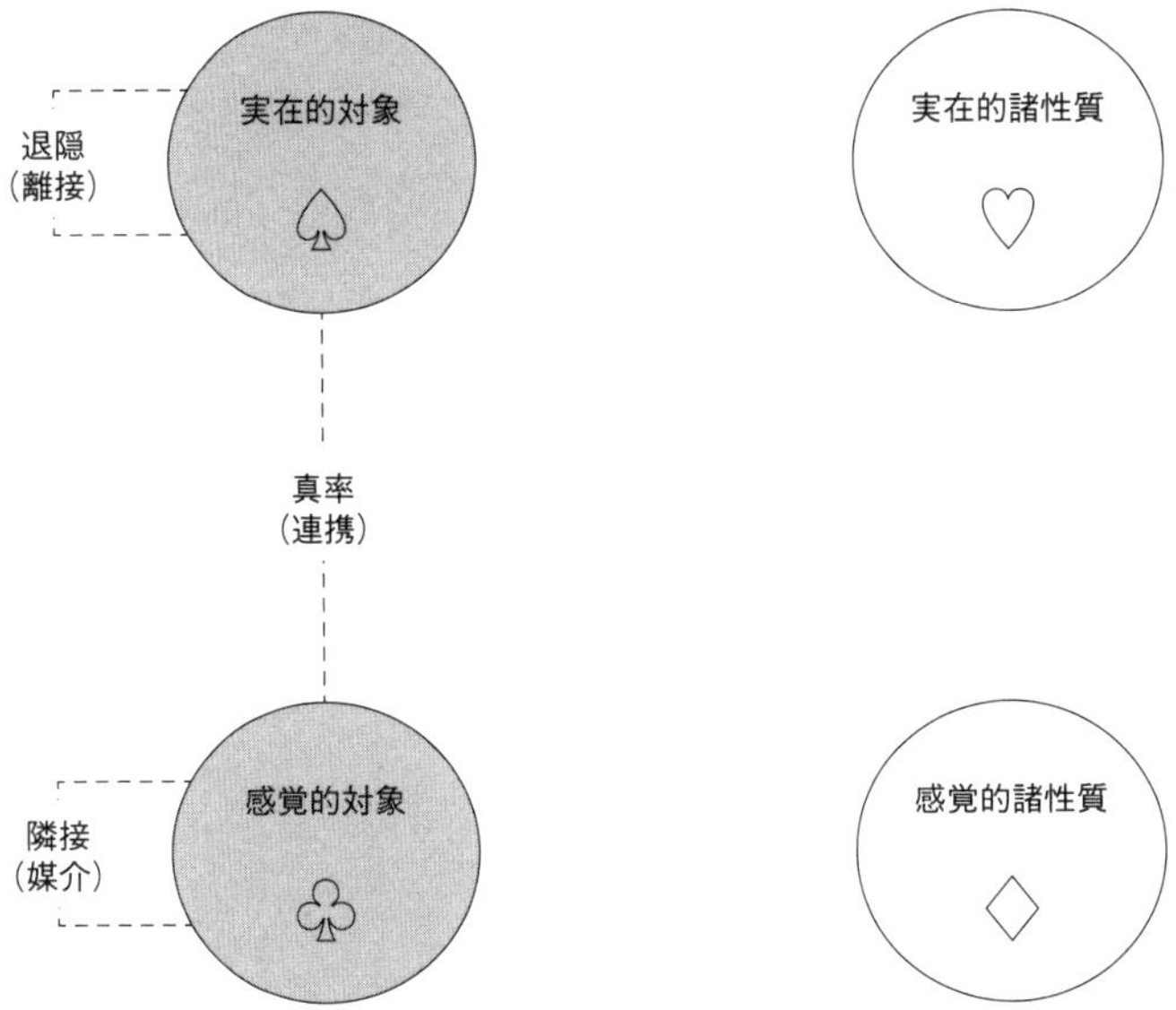

図10：三つの接合

いて、これらはRQ-RQ、SQ-SQ、RQ-SQとなる。同様に、黒のスートもスペードとスペード、クラブとクラブ、スペードとクラブという形で組み合わせることができ、これらは存在地誌ではRO-RO、SO-SO、RO-SOと表される。こうして私たちは、世界の分極には三つの基本的な族（family）があるという、最初の仮説を立てることができる。以下では、この想定から何が帰結するのかを考察し、必要に応じてそれを後から修正することにしよう。

これまでのところ私たちが専ら注意を向けてきたのは、異種的なペアであり、それらは、時間、空間、本質、形相という示唆的な名称とともに導入されてきた。異種的なペアはいずれも、世界における四つの主要な緊張を示すものであり、それぞれの名称は物理的領域や形而上学的領域の基礎的特徴との一定の繋がりを示唆している。さらに私たちは、四つの緊張のそれぞれに、対象と性質を明確な対比の下に置く特殊な様式があることも確認した。「対峙」は、時間の内で見出される、感覚的対象と感覚的性質の間の暗黙の闘争を、明白な論争へと変化させるものである。「魅惑」は、空間にとってこれと同様の役割を果たし、「因果」は本質、「理論」は形相にとって、同様の役割を果たしている。さらに私たちは、これら四つの緊張が、二つの部分族（sub-families）に分かれることを指摘した。というのも、四つのうち二つはいつでも目の届く感覚的対象を含むのに対し、他の二つは計り知れぬ深遠へと退隠する実在的対象とかかわるものだからである。感覚的対象は、感覚的性質との緊張関係（時間）および実在的性質との緊張関係（形相）以外においては存在不可能である。感覚的対象は決して、真に自立的なものではないからだ。感覚的対象は、通常、その様々な性質と緩やかに結合した状態で存在している。というのも、通常の知覚において、木そのものが、その移り変わる表面的特徴や隠れた実在的な印象から区別されることはないからである。このいずれの場合も、何か新しいことが生じるためには、二つの極の間の分裂が必要となる。実在的対象には、これと反対のことが言える。実在的対象は、その存在を告げる表面的な性質との緊張関係（空間）や、それに属する多様な特性との緊張関係（本質）を、最初からもっているわけではないからだ。これら二つの緊張関係が成立するためには、実在的対象が実在的性質や感覚的性質と融合することが必要なのである。つまり、実在的対象は、本来、そうした寄生的な性質の集まりとの関わりをもっていないということだ。これら四つの過程には、より詳細な説明が必要である。さらに私たちは、こうした分裂と融合が生じる原因を突き止めねばならない。

赤同士のペアの本性は、赤と黒が組み合わされた場合に比べれば、ずっと単純である。それらのペアは、どれも明らかに性質しか含まないからだ。すなわち、RQ-RQ、SQ-SQ、RQ-SQのことである。さて、これらの性質を結合する役割を果たすことが可能な極は、世界に一つしかない。それは、これらの性質が属する対象である。二つの実在的性質、あるいは二つの感覚的性質が繋がるのは、それらが同一の対象に属する場合だけなのだ。実在的性質が実在的対象によって、感覚的性質が感覚的対象によって結び付けられることは当然だと思われるかもしれない。だがこれは、実際にはそれほど厳密なものではない。二種類の性質はいずれも、まずもって、感覚的対象によってのみ結合されるものだからだ。フッサールの発見を思い出そう。志向的対象が統一体であるのは、その偶有的な表面的特徴との対比においてだけでなく、感性的直観によっては決して捉えられない実在的な形相的性質との対立においてでもあった。例えば、私が木を観察するとき、それは感覚的対象にすぎない。しかしこの対象は、移り変わる様々な偶有的特徴と、持続的で実在的な性質をともに有しており、前者が大きく変化したとしても、感覚的な木は消失したりしない一方で、後者は、感覚的な木が自分自身であるために不可欠なものなのである。〔要するに〕あらゆる感覚的対象は、二種類の特徴との絶え間ない争いのうちにおいてのみ存在し、そうした特徴は、感覚的対象に属しかつ属していない、ということである。融合という特殊な場合においては、これらの性質は〔たしかに〕いずれも実在的対象に属することになるように思われる。〔しかし〕通常、RQ-RQのペアとSQ-SQのペアは、いずれも感覚的対象によって媒介されているのである。

後者の場合、つまりSQ-SQにおいては、一見すると観察者が性質を束ねているように思われるかもしれない。というのも、すでに見たとおり、感覚的なリンゴや犬は、それに出会う者にとってしか存在しないからである。だが思い出そう。観察者は決して、感覚的性質と直接接触しているわけではない。観察者による性質の結合という考えは、フッサールが斥けた、経験主義のドグマにすぎない。フッサールによれば、私たちがつねに接触しているのは感覚的対象であり、それらの性質の方はと言うと、感覚的対象から派生したものにすぎない。新プラトン主義の有名な語を用いるなら、感覚的諸性質は、同一の感覚的対象から一緒に発出する（emanate）限りにおいて間接的に結び付けられるのである。すでに示したように、実在的性質は、大抵の場合、感覚的対象との繋がりにおいてしか存在しない。しかしこのことは発出としては説明できない。というのも、これらの性質は決して、視界へと放出されるものではないからだ。感覚的対象と繋がった実在的性質には、縮限（*contraction*）というニコラウス・クザーヌスの有名な概念を用いるのが適切だろう。残ったペアRQ-SQについては、感覚的対象としての木について論じた際にすでに説明を与えていた。すなわち、木は、おそらく互いに非常に異なった実在的性質と感覚的性質の双方をどの瞬間においても有している、と。このため、RQ-SQのペアは、二面性（*duplicity*）と呼ぶことができる。

黒のペアに移ろう。RO-RO、SO-SO、RO-SOのことだ。これらは、赤よりも雑多な族を成している。これらのペアはどれもみな、互いに非常に異なった側面を有しているからだ。感覚的対象同士の組み合わせから始めよう。すでに見たとおり、感覚的対象は、単一の観察者にとっての同一の経験領域において、互いに隣接することによってのみ結び付けられる。私は一度に、一つでなく多数の感覚的対象に出会っているのである。二つの実在的対象の間の繋がりについてはどうか。対象指向哲学の基本原理は、実在的対象同士が直接結び付けられることは決してない、という洞察にあった。この点において、隠れた道具存在というハイデガーの概念は、あらゆる相互作用が同一水準にあるホワイトヘッド宇宙論のヴィジョンと組み合わさって、無生物的な存在者が――私たちからだけでなく――お互いからも隠され合っているという主張を帰結する。二つの感覚的対象がせいぜい隣接することしかできないのに対し、二つの実在的対象に至っては、退隠という仕方でしか共存しないのであって、相互関係を全く欠いている。代替原因（vicarious causation）の形而上学はもっぱら、この点に光を当てるために考案されたものである。こうして残されたRO-SOのペアを、私たちは、直接的接触の真率と呼んだのだった。このペアにおいて、実在的対象としての経験主体は、感覚的対象と直接的に接触しているのである。

　このようにして、私たちは、世界にある緊張関係の、一〇の可能な形態をマッピングしたことになる。混色の緊張はそれぞれ、時間、空間、本質、形相と呼ばれ、赤のペア、つまり放射（radiation）は、発出、縮限、二面性と呼ばれる。そして黒のペア、すなわち連結（junction）は、退隠、隣接、真率と呼ばれる。だが、これら一〇のカテゴリーの図式は見慣れないものであるから、当然もっと説明が必要である。

B　赤と黒――緊張

トランプの比喩は、私たちのモデルをさらに鮮明なものにすることができるだろう。近年の物理学とQCDすなわち「量子色力学（Quantum Chromodynamics）」――クォーク間の相互作用によって生じる強い核力についての理論――の場合を考えてみよう。宇宙の微細なレベルには色など本当は存在しないにもかかわらず、QCDは、赤青緑の三原色を利用することで、強い核力についての非常にテクニカルなモデルに対して直観的な基礎を与えることができる。同じように、私たちにとっても、「実在的対象」や「感覚的性質」などの用語をずっと使い続ける代わりに、そうした項とそれらの間の相互作用に対応する直観的な同義語を揃えておくことは有益だろう。本書の場合、多様な極を表すのに必要なのは、一組の色のペア（赤と黒）だけであるが、それぞれの色には、トランプの場合と同様、二つのスートがある。どちらの色を〔性質と対象の〕どちらに対応させるかは、ある程度恣意的な決定となるが、私はこれまで、性質を対象から発出する「ブラックノイズ」と呼び、対象をある種の「ブラックボックス」と呼んできた。それゆえ、黒のスートを対象の極に、赤のスートを性質の極に対応させるのが良いだろう。これは一見ふざけた試みであるように思われるかもしれない。しかし、トランプのどの数にも四つの異なるスートがあるのと同じように、どの対象も四つの異なる様態を具体化しているのだと言えば、頭の中を整理することができるだろう。例えば、犬について、クラブの犬（感覚的対象）、ダイヤの犬（感覚的性質）、スペードの犬（実在的対象）、ハートの犬（実在的性質）といった魅力的な語り方が可能となるのだ。しかしもちろん、これらは、有用な同義語を本書の道具立てに加えるための風変わりなイメージにすぎず、何か重要なテクニカル・タームとして導入されているわけではない。

これらの異種的なペアについて最初に説明すべきは、これまで見てきた対象と性質が並存する特殊な出来事でなく、これと対立する、対象と性質のペアの日常的でありきたりな状態である。以上で見てきたペアの内二つ（時間をもたらすSO-SQと形相をもたらすSO-RQ）は、通常の経験において、すでに結合状態にあるが、他の二つ（本質をもたらすRO-RQと空間をもたらすRO-SQ）は接続が生みだされない限り、統一されない。時間と形相のありきたりの状態において、対象と性質は、一つの単位へと圧縮されている。それらが明確な抗争状態の下に現れるのは、分裂と呼ばれる特殊な場合にすぎない。本質と空間の場合、これと反対に、実在的対象は、融合という特殊な場合を除いて、自らの感覚的性質および実在的性質と決して対峙しない。というのも、空間は決して、経験において私たちがつねに手にしているものではないからだ。むしろ、経験とは一種のホログラムであり、そこでは近くの対象も遠くの対象も全て私たちと直に接触しているのであって、空間的距離は推論されるものにすぎないのである。さらに、これは意外に思われるかもしれないが、実在的対象が一つの明確な本質をもつというのも正しくない。実在的対象の本質は、ときおり生み出されるものにすぎないからである。事物のありきたりな状態についてはこれくらいにしておこう。

次の問題は、こうしたありきたりの状況の断裂が起こるのは、そもそもなぜなのか、というものである。アラン・バディウによれば、平凡な「状況の状態＝国家（state of the situation）」の断裂には、めったに起きない真理＝出来事（truth-events）が必要だという[60]。本書もまた、こうした方針に従い、そうした出来事の数を四としている点で、バディウと同じ路線を取っている（もちろん、出来事による断裂の本性は、バディウと私たちとでは全く異なるものであり、彼は無生物的な対象が人間と同じようにそうした出来事の主体となることを認めたりはしていない）。〔だが、〕実在的対象や感覚的対象がそれらの性質から分離され新たな性質と結び付くことがあるのだとすれば、そうした出来事は、いつ、そしてなぜ生じるのかを知る必要があるだろう。この問いは、表面的なものでなく、なぜそもそも何かが生ずるのか、むしろなぜ全ては完全な静止状態にないのか、という哲学の根本問題に触れる問いである。事物の現在の配置を掻き乱し変化させるために、そこに欠けているのは何か。そしてなぜ変化はつねに生じず、時折しか起こらないのか。対象と性質の繋がりは、たしかにいくぶん緩やかなものではある。とはいえ、私たちはなお、なぜ対象は、性質を突然排除したり取り込んだりするのか、と問わねばならない。〔こうして〕存在地誌のモデルは、様々な点において、量子物理学のモデルに類似し始めることになる。

時間、空間、本質、形相について立てられるべき第三の問いは、これら四つのペアにおいて、対象と性質の接触は直接的なものなのか、それとも何らかの媒体が必要なのか、というものである。空間と本質については、答えは単純である。すなわち、この二つの場合には、他の何らかの項による媒介が必要となる。というのも、この場合、対象と性質は定義からして分離されているからである。これらの極の接触には、融合が必要であり、何らかの媒介項がその役目を果たさなければならないのだ。時間と形相の場合、事態はそれほど明確ではない。というのも、この場合、感覚的対象は感覚的性質と実在的性質の双方とつねにすでに接触しているからである。とはいえ、感覚的対象とはまずもってそれを経験する何らかの存在者にとってしか存在しないものである、ということを踏まえれば、その存在者こそが、二つの異なる極の隔たりを橋渡しできる第三項であると言うことができるだろう。

こうして私たちは、これまで問われてこなかった最後の問いへと導かれる。それは、性質とは正確に言って何であるのか、という問いである。性質はその基礎となっている感覚的対象から発出しなければならないというフッサールの主張に従うなら、性質は普遍者ではありえないように思われる。というのも、海、空、シャツ、目、絵のそれぞれにおいて、問題となっている青がどれも異なる色であるとすれば、普遍者はつねに二階の抽象物であって、感覚の内容そのものではないからである。似たような理由から、感覚的性質は感覚的対象といかにして異なるのか、という点も不明瞭

(60) Alain Badiou, *Being and Event*. Translated by O. Feltham. (London: Continuum, 2006.)〔『存在と出来事』は未邦訳であるが、次の著作が、同書の著者自身による要約となっている。アラン・バディウ『哲学宣言』、黒田昭信・遠藤健太訳、藤原書店、二〇〇四年。〕

に留まることになる。性質とはつねに対象から抽出されるものであるとすれば、経験の内に純粋な感覚与件が与えられることはないように思われるからだ。ある対象の性質とされるものに注意を向けるとき、そこにはさらにいくつかの対象が見つかるだけであって、生のクオリアが見出されることはない。とすれば、性質とは、混沌としたホワイトノイズではなく、対象から引き出される「ブラックノイズ」なのであって、これによって、当該の感覚的対象の部分が形作られているのである。そして最後に、経験される性質はどれも、それらがその周囲を公転している対象に影響されているというのが事実だとすれば、私たちは、感覚的性質と実在的性質の間に本当に何らかの違いがあるのかどうかを知る必要がある。

C　赤と赤——放射

そこで、性質と性質のペア、すなわち「赤」のペアへと話を移そう。ダイヤとダイヤ、実在的性質と感覚的性質、等々の組み合わせのことだ。ここでもまずは、そうした組み合わせのありきたりな状態を知っておく必要がある。同種の極ないしスートがペアとなった場合、項の間の通常の相互作用とはどのようなものだろうか。性質同士の組み合わせの通常の状態が、同一の対象の内で一緒に結び付けられることであるのは明らかである。感覚的な木の多様な偶有性が一緒になるのは、木という媒介を通じてのみであり、同じことは、木のもつ多数の実在的性質についても当てはまるのである。しかし、二種類の性質の間にはある重要な違いが存在する。すでに見たとおり、感覚的対象は、つねに性質との連接状態において存在するものであり、それが性質から分離されるのは、分裂という比較的稀な事態が生じた場合だけである。対照的に、実在的対象が多数の本質的な特徴を引き受けるのは融合が起こる場合だけであり、この意味において、実在的性質同士のありきたりな状態とは、それらが互いに全く接続されていない状態なのである。似たような違いが、二種類の対象についても生じている。多数の感覚的対象があらかじめ同一の経験主体に対して共存している以上、感覚的対象同士のありきたりな状態は、経験主体の下での隣接ないし結合である。しかしこのことは実在的対象同士には当てはまらない。実在的対象は、あらかじめ互いに切断された状態で存在するものだからである。要するに、二つの異なる極のありきたりな接続は、退隠する真の実在の内ではなく、経験の内にのみ見出されるものなのである。

次に問うべきは、これらのペアはいつ、そしてなぜ統一されたり分割されたりするのか、ということだろう。実在的性質と感覚的性質の場合、統一や分割は、異質的なペアにおける片方の副次的な効果にすぎないことが明らかになる。二つの実在的性質が単一の実在的対象の内で結合される場合を考えてみよう。すでに見たように、この結合は、私たちが本質と呼び、因果という現象に関連付けたある種の融合を必要とするものであった。二つの感覚的性質の場合、これとは非常に異なることが起こる。感覚的性質はつねにすでに感覚的対象と結び付いている以上、〔改めて〕対象に接触する必要がない。というのも、感覚的性質はそもそも感覚的対象から発出するものなのだから。これらの性質が感覚的対象の媒介による繋がりを失うのは、感覚的対象とその様々な性質の間に分離が生じたときだけである。この分離を、私たちは対峙と呼んだのだった。

第三の問いは、こうした赤のペアにとっての媒介があるとすればそれは何か、というものである。だがこの問いへの答えは、もはやほとんど明らかである。というのも、これについて本書は、すでに簡単に触れているからだ。すでに見たとおり、実在的性質同士のペアと感覚的性質同士のペアは、いずれもつねに、同一の感覚的対象だけによって互いに結び付けられるものである。またこれもすでに確認したとおり、同じことは、実在的性質と感覚的性質という混合的な組み合わせにも当てはまる。つまりこれらもまた、同一の感覚的対象の内で結び付けられるのである。ヒマワリの実在的な特徴が移り変わる偶有性とペアになるのは、同一の感覚的なヒマワリにおいてなのである。

最後の問いは、私たちはそもそもなぜ多様性を相手にしているのか、というものだ。これは、前節とはいくらか異なる問いである。感覚的な木はなぜ多数の異なる感覚的性質をもっているのか。そしてまた、実在的な犬はなぜ多数の異なる実在的性質をもっているのか。私の提案する答えは、実在的対象と感覚的対象はどんなものであれ多数の部分で出来ているという事実に基づくものである。複数の部分が一緒になって〔感覚的〕対象を形作るとき、それらの性質のうち、相互作用に不要なものは、対象の周囲に霧や芳香のような形で残される――つまり、そうした性質は、対象を組み上げるプロセスの副産物となる。同じことは――異なる仕方で――実在的対象と実在的性質の関係にも当てはまる。実在的対象とその多様な実在的性質の結び付き方は、感覚的対象と感覚的性質のそれと同じではない。とはいえ、実在的性質は何らかの実在的対象によって選別される必要があり、そうして選ばれたものを、〔実在的〕対象は後から用いることができるのである。

D 黒と黒──連結

最後の三つのペア、RO-RO、SO-SO、RO-SO へと移ろう。これらは異なる種類の対象が何らかの仕方で組み合わさったものである。ここでもまた、最初の問いは、これらのペアが日常的に見せるありふれた状態にかんするものだ。実在的対象と感覚的対象の繋がりの場合、その通常の状態は明らかに直接的な接触の状態である。すでに見たとおり、経験とは、経験する実在的対象と、〔経験される〕感覚的対象とのそうした対峙に他ならない。また、RO-RO という実在的対象同士のペアは〔互いに接触不可能であるがゆえに〕例外的なペアであり、RO-SO とともに、最後の奇妙なカテゴリーを成すものと言えるだろう。他方、SO-SO のペアは、すでに見たとおり、隣接状態において、これらの感覚的対象を同時に経験する実在的対象にとってしか存在しないものである。

だが、このように形態論的な割り当てを続けるなら、ここでもまた、これらのペアは、どのようなとき、そしてなぜ、統一したり分離したりするのかと問う必要がある。そして私たちはここで、実在的対象と感覚的対象の組み合わせのもう一つの特異性に出会うことになる。実在的対象と感覚的対象は接触しているが分裂しえない。分裂とは何らかの媒介に対して生じるものだが、これらの極の間には媒介がないからである。真率は分裂を被ることがないのだ。真率に対して成しうるのは、それを終わらせることだけである。つまり、真率は、別の真率に取って代わられるか、眠りや完全な死の場合のように、無に帰すしかないということだ。真率が終焉を迎えるとき、その出来事を経験する媒介は存在しない。そしてそれゆえに、それは端的に宇宙から消滅する。真率の証人となるような媒介は存在しないのである。

第三の問いはまたしても、このカテゴリーにおいて、何が二つの極の媒介となっているのか、というものである。実在的対象と感覚的対象が真率に向かい合うとき、つまりRO-SOの場合、答えは明らかである。そのようなものは「何もない」のだ。それらの対象の接触は直接的なのである。そしてこれが、私たちが知っている唯一の直接的接触である。RO-SOが直接的接触である一方、RO-ROの接触は、直接的でも媒介的でもなく、そもそも生じないものである。このためにこそ、代替因果が必要となる。残るは、三つの内最も簡単なもの、つまりSO-SOの接触である。これは、すでに見たように、それらを経験する実在的対象が双方の対象に同時に出会うという仕方で媒介されるものである。

第四の、そして最後の問いは、これまでとは異なるものである（もっとも、前二節の最後の問いは、すでにそれぞれ別々のものであった）。私たちはすでに、感覚的対象と実在的対象の組み合わせを手にしており、これらの接触は無媒介的ないし直接的なものである。これと並ぶのが、実在的対象と実在的対象の組み合わせである。複合的対象の発生が認められる以上、この組み合わせは必ず生じるものである。しかしそれは直接的な仕方でも、近距離的な媒介によってでもない。この組み合わせは、何らかのより多くの媒介を通じて、あるいはより複雑な仕方で生じなければならない。問題は、こうしたペアのうち、どうして、あるものは相互に接触し、あるものは接触できないのか、という点にある。この相補的な関係は、構造的にはすっきりしているとはいえ、奇妙なものだ。二つの実在的対象が直接触れ合うことができないのは、すでに述べたとおり、これらが代理的な仕方でしか互いに出会うことができないからである。とはいえ、そもそもなぜ実在的対象は感覚的対象には接触するのか、という問いは残る。この問いは、宇宙や対象の構造について何を教えてくれるのだろうか。存在地誌を説得力のある学問分野へと発展させるためのごく予備的な作業を終えた今、私たちはそこから成果を得ることを試みなければならない。私たちには、世界の極を結ぶ可能な相互関係が記された、より詳細な地図が必要なのだ。それはきっと多くの収穫をもたらすはずである。

第一〇章　思弁的実在論

大陸的な伝統における最新の哲学は、世界への〈アクセスの哲学〉として特徴付けることができると言って良いだろう。この哲学は、「カントが最初の哲学者であった」というジジェクの信念に同意して、あらゆる厳密な哲学において、人間と世界の間の隔たりは特権的地位を占めていると想定する。こうした想定は、この哲学が人間と世界という二つの極の間の架橋不可能な隔たりを否定し、それらを共規定的なものと見なすときでさえ──あるいはとりわけそのときに──正しいものであり続けている。すでに見たとおり、二〇〇六年、この立場に対してメイヤスーは、「相関主義」という記念すべき名前を与えたのであった。この用語は──フランスでの受容がどのようなものだったとしても──英語圏では、思弁的実在論として知られる新しい哲学的動向にとっての触媒の役割を果たしたのであった。公には二〇〇七年四月[61]、ロンドンで始まったこの動向は、その後、イギリスや北アメリカの若い大陸系の哲学者の間で広く知れ渡って行くこととなる。だが思弁的実在論者というグループは、主に相関主義という主流派の哲学を共通の敵とすることによって特徴付けられたものにすぎない。他の様々な点において、このグループのうちには初めから理論的な対立が存在していたのであって、初期メンバーには、私以外、どんな意味であれ、「対象指向哲学者」[62]と呼ばれうる者はいないのである。

初期思弁的実在論者のうち、メイヤスーだけは、相関主義に対して完全な敵意を向けることを避けている。相関主義を批判しているにもかかわらず、彼の目的はその撤廃ではなく、内側からの徹底であり、そのことによってある種の絶対知を追い求めることなのだ。このことは、思弁的実在論の発端となった会議での彼のフィヒテ擁護のうちに、もっとも明瞭に現れている[63]。メイヤスーはそこでこう述べている。

> 「相関」という語でもって、私がしたかったのも、ハーマンの言う「アクセスの哲学」の議論の本質的な部分を示すことでした。そして――これが重要な点ですが――その論証の例外的な強さは、どうやら、絶望的なまでに抗い難いものだったのです。相関主義は、それが強力であるのと同程度に単純なある議論に依拠しています。それは次のような仕方で定式化することができるでしょう。Xが与えられることなしにXはない（No X without giveness of X）。Xの定立なしにXについての理論はない（No theory about X without a positing of X）。何かについて語っているとき、あなたは、あなたに与えられている何か、あなたによって定立されている何かについて語っている

のです。[64]

本書の第四章Dで私は、こうした論法についていけない理由を述べておいた。今や私と彼の違いは十分に明らかだろう。私はカントの物自体がドイツ観念論によって破棄されたことを非常に残念に思っているのだが、メイヤスーは不可知な即自の切り落としを、合理主義的哲学への真の道として賞賛しているのである。この点において彼は多くのことを、同じように知識の「ポスト有限性」モデルを擁護するバディウやジジェクと共有している。対照的に、私のカントに対する不満は、彼が物自体を保持したことにではなく、物自体が関係一般でなく、人間の知識にだけ取り憑いていると考えたことにある。私は、ホワイトヘッドと同様、即自が実在的だと主張する。しかし私はまた、

(61) このイベントは、ロンドン大学ゴールドスミスカレッジ校のアルベルト・トスカーノによって主催された。次の文献に、その完全な記録が収められている。*Collapse*, Volume III. "Speculative Realism: Ray Brassier, Iain Hamilton Grant, Graham Harman, Quentin Meillassoux," pp. 306–449.

(62) このため、二〇一〇年四月にアトランタのジョージア工科大学で開かれた「対象指向哲学」カンファレンスでは、初期メンバーとは異なる顔ぶれの論者を招いた。イアン・ボゴスト、レヴィ・ブライアント、スティーヴン・シャヴィロは、いずれもみな、様々な仕方で対象指向的なアプローチに取り組んでいる。

(63) 次の記録を参照。*Collapse*, Volume III, pp. 408–449.

(64) Ibid., p. 409.

その実在性は、人間主観だけでなく、無生物的な因果関係によっても到達不可能な状態に留まっているとも主張する。というのも、人間の意識から退隠しているのと同じように、火からも退隠している綿それ自体が、実際に存在しているのだから。

メイヤスーとは異なり、（ベイルートの）レイ・ブラシエと（ブリストルの）イアン・ハミルトン・グラントは、哲学の基礎に人間と世界の相関を――たとえ徹底した形であろうと――据え置くことに対する嫌悪感を私と共有している。二人が私の立場と対立するのは、メイヤスーとは異なる理由からである。すなわち、実在論を支持しながらも、両者は、私の「対象指向的な」形の実在論を拒否しているのである。グラントの場合、それは、シェリングとドゥルーズの著作からの影響によって、対象を解体する立場を採っているからである(65)。グラントによれば、より深い能産的な力が何らかの障壁によって遮られたり妨げられたりするときにのみ、個別的な存在者が生じる。世界のダイナミズムは、個別的な対象からではなく、形のない「能産性」からもたらされるというわけである。科学的自然主義に深く傾倒しているブラシエにとって、対象は、世界の真の登場人物ではなく、時代遅れの「民間存在論」――世界は中くらいの大きさのソリッドな対象から構成されているという常識的見解――の残滓でしかない(66)。ブラシエは、物質的な世界の外部に自立的な領域として意識があるという考えを拒否する際に認知科学に依拠してはいるが、私の言う意味での「実在論者」ではない。というのも彼は、実在と科学が実在を知るための諸条件との間に根本的な亀裂を認めていないからである。メイヤスーにとってと同様、ブラシエにとっても――両者は異なる理由を提示しているとはいえ——世界は完全に数式で表すことができるものであり、それゆえ真理は私が提起している遠回りなアプローチを必要としない。というのも、彼らにとって実在とは、原理上、知識と同等のものなのだから。

以上のまとめが示唆しているのは、思弁的実在論とは、厳密な意味における哲学的動向というよりもむしろ、非常に異なった四つの哲学的傾向の揺籃期であったということだ。対象指向哲学という分派の代表として、対象が全ての哲学の根元に位置するものであるということが正当化される理由を述べて一矢報いることで、本書を閉じることにしよう。この立場は、現象学という、私の三人の同志たちからはあまり賞賛されていない歴史的動向についての理解から引き出されたものである。第一に、対象は他の何ものにも還元されえず、哲学によって、固有の仕方で論じられなければならないと私は考える。第二に、対象とその性質、そしてその他の対象の間にある緊張は、他のあらゆる存在者の説明に対しても用いることができる。これは本当に包括的な主題なのである。第三に、対象指向モデルは、多くの分野の知識、とりわけ人文学の様々な分野に対する大きな可能性を秘めているものであると私は主張する。

(65) Iain Hamilton *Grant, Philosophies of Nature After Schelling.* (London: Continuum, 2006.)

(66) Ray Brassier, *Nihil Unbound: Enlightenment and Extinction.* (London: Palgrave, 2007.)〔未邦訳であるが、最終章(第七章)のみ抄訳がある。レイ・ブラシエ「絶滅の真理」、星野太訳、『現代思想』二〇一五年九月、五〇—七八頁〕

A　対象と実在論

すでに見たとおり、現象学の最も悪い影響――とはいえ私はこの伝統をずっと大切にしてきたのだが――のうちの一つは、実在論・反実在論論争は「擬似問題」であるという考えを強固なものにしてしまったことである。何らかの対象を知覚したり憎んだりするとき、志向性はつねに自らの外にある何かに向けられている。それゆえ、現象学は、一見、あらゆる可能的知覚の外部に存在者を措定する「素朴」実在論に陥ることなく、私たちが求める実在論の全てをもたらすように思われる。問題は、志向性の対象は決して実在的ではないという点にある。このことは、私たちが憎んだり愛したり恐れたりする多くの事物が、結局は全く存在しないことが明らかになることがあるという事実に示される通りである。議論を感覚的対象に限定し、実在的対象にはいかなる余地も残さないために、現象学は徹底的に観念論であり、世界に関する自らの見解を脅かす困難を「擬似問題」として片付けることはできないのである。こうした苦境から実在についての何らかの手がかりを救い出そうと、多くの試みがなされてきた。問題なのは、そのような試みのどれ一つとして、人間と世界の相関を十分に厳しく非難してはいないことである。例えば、人間主観は、宇宙の絶対的な形成者ではなく受動的な受け手なのであって、何かが「与えられる」のは、そうした主観に対してなのである、と主張することで、現象学を助け出そうとする人々がいる。しかし、そのような解決策は的を射たものではない。というのも、現象学の主要問題は決して、世界に対して自我が有する構成的な役割やその不十分な受動性でもなかったのだから。本当の問題は、人間と世界が、この哲学の二つの極であり続けていること、つまり、人間と世界の二つがともに、語りうるあらゆる状況に関与していることなのである。現象学には、対象同士の関係が存在しないのだ。とはいえ、現代では、「実在論」に対するハードルは下げられてしまったため、どんな哲学者を支持していようと、大抵の場合、自らのヒーローに代わって実在論を提起することができる。外部からやってきて人間の認識の存在を脅かすものについての記述があれば、どんな些細なものであろうと、〔人間的認識の〕彼方へ向かう大胆な振る舞いとして賞賛されるのだ。このため、私は、「実在論」というスローガンは、賞賛に値するものであっても私たちを救うのに十分ではない、と結論する。というのも、こうした弱い形の実在論は、現代哲学を支配する相関主義に対抗できないからである。より重要なのは、対象と対象の関係を、主観と対象の関係と全く対等なものと見なすことである。このことによってのみ――すでにホワイトヘッドがやってみせたように――カントのコペルニクス的転回を逆転させることができるのだ。

無生物的な対象を表舞台に立たせる本書は、科学的な唯物論を採っているように思われるかもしれない。というのも、これもまた、希少で完全な人間主観〔という考え〕を捨て去り、非人間的な対象同士の相互作用によって全てを説明しようとする立場だからである。しかし、科学的唯物論には、二つの問題が存在するため、私はこれを全く受け入れない。この立場の一つ目の困難は、主観と対象の関係を、脳ないしより小さな存在者の〔水準にある〕対象同士の関係に還元しようとして、実在のある水準ではニューロンが活動しており、別の水準では全体としての意識が活動しているといったことを認めない点にある。二つ目の困難は、対象同士の関係についての唯物論の考え方が、十分に実在論的ではないことである。存在者の実在性は永遠に世界の薄暗がりへと退隠するものである以上、科学的唯物論の立場は、存在者同士はいかにして関係するのかという真に哲学的な問題を提起するものではないからである。唯物論は、無生物的な関係を哲学に引き戻すという有意義な振舞いを見せるものの、そうした関係を、物理的な衝突を超えてはいかなるものも存在しないという陰気な主張と抱き合わせてしまう。ここで私たちは再び、現象学の偉大なる貢献に——その観念論的傾向にもかかわらず——出会うことになる。というのも、フッサールの偉大さは、対象を——(経験論がそうするように)様々な性質が漂う騒々しい光景として扱うことなく——観念的な領野に持ち込んだ点にあるのだから。そしてハイデガーの偉大さは、さもなければ一様な一つの塊となってしまう仄暗い存在の領域へと、諸々の対象を再投入した点にある。

B　対象のいくつかの極

本書で提示された哲学は、対象の哲学であるだけでなく、分極の哲学でもある。ここには、荒野に自力で存在する実在的対象に加え、フッサールによって発見された感覚的対象——捕われた状態でしか、つまり他の存在者の経験の内にしか存在しない対象——がある。さらに、対象に加え、その性質が存在する。そして奇妙なことに、対象はその性質をもちかつもたない。二種類の対象と二種類の性質とから成るこうした非対称な体系の存在によって、私たちは四方構造を提起するに至ったのであった。この構造を受け入れようとしない者は、それが示す四つの極のうち一つ以上の存在を否定する必要がある。そして、四方界には二つの基礎的な軸があるのだから、その否定にも、二つの主要なやり方があることになる。第一に、思考の外部に何かが存在することを否定するという、見慣れた戦略がある。先に棄却された〈アクセスの哲学〉はこれに相当する。この場合、与えられるものだけが実在的と呼ばれるため、光と影の対比がなくなってしまう。第二に、対象はその性質以上の何ものでもないのだから、どんなものも直接与えられる特性の束にすぎない、という経験論的主張がある。(通常そうされるように)この二つの方法をまとめることでたどり着くのは、四つの極のうちの一つ、すなわち感覚的性質だけが存在する世界である。他方で、科学的自然主義者は、意識のうちにあるクオリアを軽視し、何らかの実在的な実体の存在を擁護すべく、哀れな人間の心の妄想を暴こうとする。そしてその実体は、結局のところ、性質以外の何ものでもなく、性質を超える統一体ではないことが明らかにされる。つまり、〈ブラシエの立場に見られるような〉科学的実在論は、実在的性質こそが、本当に存在しているものの全てであると考えるのである。だがその実在的性質も、結局は、感覚的性質と相対的にしか異ならない、ということが明らかとなる。というのも実在的性質は、人間的アクセスの一つの形態、すなわち科学的認識に完全に適合する性質にすぎないからである。第三の選択肢として、現象学を挙げることができる。現象学にとって第一義的に存在するのは、感覚的対象である。というのも、フッサールにとって、意識による可能的観察の外部に実在的対象は存在せず、対象の形相的性質と感覚的性質もまた、いずれもつねに意識から派生するものだからである。こうして残される第四の選択肢は、実在的対象だけを、第一義的な実在として認める哲学である。古代の実在論のほとんどが支持してきたこの立場にとっては、様々な統一的実体こそが、他のあらゆるもののルーツである。

最初期のソクラテス以前の哲学者たちが様々な自然の要素を宇宙の根源的要素の候補と見なした後、エンペドクレスは、それらを一つの体系へとまとめ上げた。すなわち、そこでは、空気・土・火・水がどれも同等の地位を与えられ、愛と憎しみによって混ざり合っていたのである。先に用いたトランプの用語を思い出せば、本書が提起する体系は、エンペドクレスのそれに似たものであると言うことができるだろう。すなわち、〔本書の場合〕スペード・ハート・クローバー・ダイヤが、分裂と融合によって混ざり合っているのである。エンペドクレスとの明らかな違いは、四方対象の四つの項は自然的要素ではなく、あらゆる可能な大きさの対象と性質であり、水滴が「スペード」(実在的対象)と見なされるのと全く同様に、軍隊や競技場もスペードと見なされるという点である。相関主義者、自然主義者、現象学者、古代の実在論者のいずれにも見られる還元的な立場を採用する代わりに、対象指向哲学は、四つの項の全てから真理の断片をかき集めているのだ。

C　理論の拡張

四方対象の哲学がもつ明らかな価値の一つは、様々な形の知識を相対的に民主化することである。徹底した還元主義者は、社会学、史学、音楽理論といったような「ソフトな」学問を、いともたやすく一笑に付し、実在的な物理的存在という巨大な地層に接ぎ木される人間的な随伴現象にすぎないものと想定してしまう。しかし哲学が対象とその性質や関係について語るとき、中性子に当てはまることは、政府やフットボール・チームについても当てはまるだろう。すなわち、これらはいずれも対象なのであって、他の事物との関係が次々に変化する場合でさえ、一定の同一性を保持しているのである。一つの中性子は、それが環境に現在与えている様々な影響以上のものであるが、同じことはエジプトのムバラク政権にも当てはまるのだ。こう言うと、中性子は、ポパイやユニコーンより実在的ではないか、という不満の声があがるかもしれない。これには、私も同意しよう。だが本当の問題は、私たちがもつ中性子の概念がポパイやユニコーンの概念よりも実在的なのかどうかということである。この場合、答えは明らかに、否である。というのも、この三つの概念はいずれも、実在的対象ではなく感覚的対象なのだから。だが注意しよう。私たちはたんに、物理的領域と人間の領域を等置しようとしているのではない。軍隊や政府や歌はたんに、その発生源となったより小さな粒からなる層から独立に一定の実在性をもっているというだけではない。物理的領域の内にも、複数の水準が存在するのである。私たちの目的は、人文学は物理学に還元不可能だと言うだけでなく、地質学や化学もまた物理学には還元不能であると主張することなのだ。それぞれの分野（domain）にはそれぞれの実在性があり、それらはその由来となった分野には還元不可能なものである。対象指向哲学は還元的なものではなく、それゆえにまた科学に成り代わって、人文学について長々しい講義をすることも、科学とは権力の言説的実践によって構成されるものだというポストモダンの理論に代わって、科学について講釈を垂れることもないのである。

夢とは願望の象徴的な充足であるという原理を確立したとき、フロイトは、夢についての魅力的な理論を提起した。だが彼は決して、それだけに留まってはいなかった。欲望は障壁によって阻害されているが間接的な満足へと翻訳されるというフロイトの一般的なモデルは、人間的実在の様々な理論の可能性を開いたのだ。言い間違え、友人宅への忘れ物、強迫的神経症、ヒステリー、精神病、文化的現実、死の欲動、性差、そして子どもや動物の心さえ、理論化されるようになったのである。フロイトの理論をどう評価するかは別として、精神分析の広大な射程を否定することはできない。〔だが〕いくつかの点で、四方対象の理論は、精神分析よりもいっそう野心的なものである。四方界モデルは、人間の領野だけでなく、無生物の因果関係に対しても、提灯のごとく柔らかに揺らめく光を投げかけるからだ。〔私たちによれば、〕心の内にあるものも外にあるものも全てがそれぞれ、性質をもちかつもたない一つの対象なのである。それゆえに、分裂によって分離されたり融合によって統一されたりする、対象と性質の分極された関係という本書の主題は、世界のある領域を別の領域に恣意的に還元することなく、哲学が求める普遍的な問題であろうとする。本書で描かれた四方対象モデルが妥当なものであるとすれば、存在地誌の四つの緊張、三つの放射、三つの接合は、私たちに強力な宇宙の地図を与え、そこから、さらなる帰結が容易に引き出されることになるだろう。

監訳者あとがき

本書は、Graham Harman, *The Quadruple Object*, Zero books, 2011. の全訳である。(1) 著者のグレアム・ハーマン（一九六八年アイオワ州生まれ）は、アメリカン大学カイロ校教授を経て、現在、南カリフォリニア建築大学特別教授（Distinguished Professor）を務めている。現代の大陸哲学における新しい潮流――思弁的実在論およびオブジェクト指向存在論――の中心人物であるハーマンは、単著だけですでに一五冊もの著作を上梓しており、その中で五冊目にあたる本書『四方対象』は、初出の仏語訳を始め、二〇一七年六月現在すでにドイツ、スペイン、ポーランド、ロシア語訳が存在し、さらに今後四ヶ国語（オランダ、ポルトガル、トルコ、中国）への翻訳が予定されている、著者を代表する著作である。

本書においてハーマンは、世界を天空・大地・神々・死すべきものどもの四つ組――「四方界」――によって把握しようとした後期ハイデガーに倣い、あらゆる対象を四つの極――実在的対象・実在的性質・感覚的対象・感覚的性質――の相互関係の下に理解する包括的な存在論の提示を試みる。対象が有するとされるこの「四方構造」は、本書全体を通してさまざまな仕方で繰り返し説明されてはいるものの、原著にしてわずか一四八頁という紙幅に多岐にわたるトピックが圧縮されているせいもあって、かえってその骨子が見づらくなってしまっているかもしれない。そこでここではまず、対象の四つの極について、訳者の理解を手短に提示しておきたい（なお、本書の「はじめに」は、ハーマン哲学および本書の内容をごく手短に特徴づけるものであるので、予備知識無しにこの「あとがき」から読み始めた読者は、まずはそちらを参照頂ければと思う）。

「感覚的対象」から始めよう。これは、意識に現れる限りにおける、あらゆる対象を指示する概念である。私たちが日常的に知覚する事物――ペン、眼鏡、パスポート等々――は全て、それらが意識に現れている限りにおいて、感覚的対象と呼ばれる。しかし、それだけではない。ハーマンは、そうした実際に存在する事物だけでなく、架空の存在者（ケンタウルス）や理念的な存在者（数）までをも、感覚的対象の外延に含めているからである。この点で、「感覚的（sensual）」という語彙の選択は、ややミスリーディングであるようにも思われるため注意が必要である。本書において、感覚的対象とは、ごく日常的な意味における感覚ないし知覚に与えられるものだけを指示するものでなく、感覚に加え、想像や想起、理論の対象なども含めた、意識に現れる限りにおける全ての対象を指す概念だからである。

このように理解される感覚的対象は、いずれもその都度、一定の仕方で与えられるものである。例えば、塔は、遠くからは小さく、近くからは大きく見える。あるいはまた、日中は白く、夕方にはオレンジ色に見えるかもしれない（同様のことは、想像や想起の対象にも当てはまる）。こうした、感覚的対象のその都度の「見え」――現象学でいうところの「射影」――が、本書において、「感覚的性質」と呼ばれるものである。感覚的対象は、しばしば、そのような感覚的性質の束にすぎないものとみなされることがある。しかし本書は、そうした経験論的主張を棄却し、感覚的対象の感覚的性質への還元不可能性を強調する。たしかに、感覚的性質の方は、その対象によって個別化されるため、感覚的対象に依存している（例えば、犬の特定の「見え」はまさに**その**犬の「見え」である、というように）。しかし、著者によれば、逆の依存関係は存在しない。というのも、私の目の前にいる犬は、今見えているような仕方で現れていなかったとしても、数的に同一の感覚的な対象であり続けるからである。要するに、感覚的性質は感覚的対象に対して偶有的なものにすぎないのだ。

だがそうだとすれば、私たちの経験に溢れている様々な感覚的対象が――この犬、あの犬といったように――互いに区別可能なのはどうしてなのだろうか。著者によれば、それは、感覚的対象が、感覚的性質に加え、「実在的性質」を有しているからである。その実在的性質を説明するために、本書は、フッサールが提起した「形相的変更」という操作を援用する。形相的変更とは、対象を様々な仕方で想像することによって、その偶有的な性質を排除し、その対象にとって本質を成す様々な特徴を引き出すことである。しかしハーマンは、こうした操作によって可能となるのは、あくまで、実在的性質への間接的なアクセスにすぎないと指摘する。というのも、ハーマンにとって、実在的諸性質は、感覚的性質と同様に、それらが本質を成すところの感覚的対象によって個別化されているからである。自由変更という操作は、（木Aと木Bといった）複数の対象に共通の、一般的な性質（例えば、年輪をもつ等）を取り出すことを目的としている。しかし、性質がそれを有する対象に応じて個別化されている（「木Aの」性質といったように）のだとすれば、そもそも複数の対象間に共通の性質を取り出すことは原理的に不可能である。その結果、対象にとって偶有的な性質（感覚的性質）と本質的な性質（実在的性質）を区別するための基準がなくなってしまう。このために、（感覚だけでなく）知性的な直観さえも、実在的性質へのアクセスは不可能だとされるのである。

さてこれまで見てきたのは、意識される限りにおける対象（感覚的対象）とその二つの性質であるが、ハーマンは、ハイデガーの道具分析を参照することで、これら三つの極に、最後の、そして対象指向哲学にとって最も重要な「実在的対象（real object）」という極を加える。道具は、それが問題なく使用されている限り、主題的に意識されることはないが、壊れたり上手く機能しなかったりすると主題的に意識されるようになる。『存在と時間』にみられるこうした記述は、（理論の）明示的な認識に対する（実践の）非明示的な認識の先行性という、ハイデガー哲学のプラグマティックな側面を示すものとして理解されるのが通常である。しかしハーマンは、道具は本来、意識されないものであるという点を最大限強調し、そうしたあり方こそが、あらゆる対象の根本的な存在様態であると主張することによって、ハイデガーの主張をラディカルに読み替えてしまう。すなわち、ハーマンにとって、道具は、本来、理論だけでなく、実践によってもアクセス不可能なものなのである。明示的なものであれ非明示的なものであれ、あらゆる現前の領域から、そのように退き、隠れた――「退隠（withdrawn）」した――状態にある対象が、本書において「実在的対象」と呼ばれるものである。

　インクが切れ、ペンが意識されるようになったとき、私はそれ以前から自分の手にペンが存在していたことに気づく。実在的な対象は、一般に、このような間接的な仕方で、その存在を私たちに暗示するにすぎない。とはいえ、私たちには、各人に一つだけ特殊な対象が存在する。それは自分自身、すなわち「私」という対象である。「私」が他の対象の知覚に没頭しているとき、私自身の存在は、主題的に意識されることがない。ハーマンはこうした「私」の存在様態を、道具存在のそれと重ね合わせることで、それもまた一つの実在的対象であると主張するに至るのである。

　ただし、この「私」とその他の実在的対象との間には、決定的な差異がある。それは、「私」は、他ならぬ私自身である、という点である。この一見トリヴィアルな事実の重要性は、本書の汎心論的な立場を考慮することで理解しやすくなるだろう。ハーマンは、ホワイトヘッドと同様、人間や動物だけでなく物質にも、ある種の知覚を認めている。それゆえ、例えば、実在的対象としての「私」と「木」の二者間には、（a）「私」による木の知覚だけでなく、（b）「木」による私の知覚までもが存在し得る。このとき、（a）における「私」は実在的対象であるが、（b）における私は感覚的対象にすぎず、同様に、

（b）における「木」は実在的対象であるが、（a）におけるそれは感覚的対象にすぎない。このことが示しているのは、人間であれ無生物であれ、各々の実在的対象のポジションを占めることができるのは、当該の対象それ自身だけである、ということである。「対象であるとは、対象それ自体であることであり、その対象だけがもちうる実在性を宇宙において成立させること」なのだ。そしてそれゆえに、あらゆる対象は互いに永遠に、退隠しているのである。

汎心論――ハーマンの用語では「多心論」――という観点に関連する本書のもう一つの重要な主張は、どんな関係もそれ自体、一つの対象を構成するというものである。著者によれば、「私」が木を知覚するという関係は、それ自体が一つの実在的対象を構成する。実在的な「私」と感覚的な木は、そうして成立したより大きな実在的対象の部分を成しているのである。同じことは、実在的対象としての「私」や「木」にも当てはまる。これらもまた、より下位の水準にある様々な実在的対象が築いた関係によって構成されたものなのだ。ハーマンによれば、対象が有するこうした入れ子構造には下限がない。現に様々な実在的対象（例えば、木）が成立している以上、それらを構成した対象（枝葉）が存在するはずであり、さらにそれらを構成した対象（細胞）が……といったように、対象の構成は無限に遡ることができるはずだからである。しかし、同じことが逆方向にも生じていると考えるべき理由はない。つまり、実在的な「私」と感覚的な木によって構成されるような対象が新たに別の対象とともにさらに高次の対象を構成するといったことが無限に続くと想定すべきではない。というのも、著者によれば、実在的対象は、必ずしも他の対象に（間接的な仕方によってであれ）関係する必要はなく、あらゆる関係を絶ち、孤立し、引きこもっていることが可能だからである。

対象指向存在論の基礎を成しているのは、以上の説明において中心的な役割を担ってきた、実在的対象が感覚的対象を直接知覚するという関係――真率（sincerity）――である。だが本書はこれ以外にも、四つの極の間で可能な（真率も含めた）一〇の関係それぞれに名称を与えている。それらの多くは、今後探求されるべき課題としてごく簡単な特徴付けに留まっているものの、実在的対象と感覚的性質の融合——魅惑（allure）——と、実在的対象と実在的性質の融合——因果（causation）——については、すでに他の著作・論文において、一定の議論が示されている。そこで、この二つについて、若干の補足をしておこう。

まず魅惑について。これは実際には、道具分析の解釈を取り上げた際に、すでに示されていた論点である。道具は壊れることによって、感覚的対象としてその姿を現わす。しかしそれと同時に、私たちはその感覚的対象の背後に、同じ対象の実在的な対応物が隠れていたことに気づく。このとき、著者によれば、感覚的対象とその感覚的性質との結合がいったん解除され、後者は実在的対象の存在を暗示（allude）することになる——これが魅惑のメカニズムである。道具分析が示すこうした事態は、『ゲリラ形而上学』や『ダンテの壊れたハンマー』などにおいて、メタファーやユーモア、そして美的経験一般へと拡張されるようになる。

実在的対象と実在的性質の融合、すなわち因果は、これまで見てきたトピックのうち、対象の入れ子構造と大きな関わりがある。綿が炎に接触し燃焼するという現象において、綿の燃焼の原因は、通常、炎であるとされる。しかし本書は、イスラムの機会原因論者たちと同様、実在的対象同士（この場合、炎と綿）の直接的な相互作用を否定する。では、ハーマンにとって、綿の燃焼の真の原因とは何なのか。それは、これら二つの対象が関係することによってもう一つの新たな実在的対象が形成されることである。つまり実在的対象としての綿が感覚的対象としての炎に対峙することによって、両者をその内に含む第三の実在的対象が成立することこそが、ハーマンにとっての真の因果作用なのである。綿は炎そのものによって燃やされるのではなく、その感覚的代替に接触することを通じて第三項が発生することによって燃やされる。そしてその結果綿は、それまでと異なる実在的諸性質と融合することになる――それゆえに、本書は、実在的対象と実在的性質の融合を因果と呼ぶのである（ただしこの論点についてのハーマンの記述は著作間で用語のブレが大きいため、以上の説明は、後述の論文「代替因果について」等と本書の内容を総合した解釈であることを断っておく）。

以上、本書で提起されている主張について、可能な限りその論拠を含め追ってきたつもりであるが、著者自身が述べているとおり、ここに示されたのは、完成した哲学体系ではなく、対象指向存在論の青写真に過ぎない。とりわけ、図や省略表現を用いて示される四つの極の相互関係については、具体的な記述が乏しく、その理解のためには、他の著作や論文、また著者の今後の動向を追う他ないように思われる(2)。とはいえ、ハーマン哲学の基本的な方針からすれば、重要なのは、著作の正確な解釈を試みることよりも、その本質の抽出・不足の補塡などによって、新たな体系を構築することの方だろう（国内でこのような試みをしている論者としては、千葉雅也氏や清水高志氏の名前を挙げることができる(3)）。

また、本書で提示される、先行する哲学者についてのいくつかの解釈について、疑問をもった読者もおられるかもしれない。とりわけ、フッサールやハイデガー研究者にとっては、最大限に好意的な読解が要求される著作であるように思われる。ただし、繰り返しになるが、著者の主眼は、様々な哲学者についての正確な解釈ではなく、先行する様々な議論から有意義な帰結を引き出すことにある。もちろん、哲学史的に不用意な記述はそれとして指摘されるべきではあるが、この点を考慮せず、文献的な誤りの指摘や二次研究・哲学史への配慮の欠如の指摘に終始し、提起された主張を無視するような批判は片手落ちだろう(4)。翻訳のタイムラグもあって、その手の批判はすでに出尽くしているように思われるので、日本の読者にはぜひ建設的な議論を期待したい。

最後にこの日本語訳と、文献情報について補足しておこう。

訳語については、論文上での試訳やウェブ上でのものも含め、すでに試みられているものを大いに参照したが、既存のものと異なる訳語を充てたものも多々あるので、主なものについてのみ補足をしておきたい。まず、undermine/overmine の対については、原語の対称性よりも、それぞれの意味内容を優先させて、「解体」および「埋却」とした（ちなみに、これは仏訳と同じ方針である）。また withdrawal は、もともとはハイデガーの Entzug（仏語では retrait）の英訳であり、日本語でも文脈に応じて様々な訳語が充てられてきた語彙である。本書では「退隠」としたが、これは、この語によって、意識から隠れ、互いに退きあっているという実在的対象の存在様態が上手く表現できるように思われたためである。最後に、本書の主題である object は「対象」としたが、これは、頻出するこの語を「オブジェクト」とした場合、日本語の文章としてあまりに通りが悪くなること、そしてまた「対象」という言葉の外延は、（少なくとも哲学系の翻訳としては）object とさほど変わらないだろうという二つの理由からである。ただし、これまでハーマンの哲学が国内でも「オブジェクト指向哲学」として紹介されてきたこと[5]、そしてまた著者自身もこのキャッチフレーズをプログラミングのそれからとってきていることなどを考慮して、副題にのみ、カタカナを残すこととした。

著作としてのハーマンの邦訳は、本書が初の試みとなるが、論文としては（二〇一七年六月現在）すでに「代替因果について」[6]（岡本源太訳、『現代思想』、二〇一四年一月号、九五―一一五頁）と「オブジェクト指向哲学の七六のテーゼ」の二つが存在する。いずれも本書の内容と大いに関連するものであるので、ぜひ併読されたい。またすでに膨大な数にのぼるハーマンの論文は、序文でも紹介のある著者のブログ（https://doctorzamalek2.wordpress.com/）からほとんどがフリーでアクセス可能となっている。以上では紹介しきれなかった数多くのトピックが提示されているので、関心に応じて適宜参照頂ければと思う。
翻訳作業は、英語版への序文から第二章までを岡嶋が、第三章と第四章を石井が、第五章、第六章、第九章を山下が、第七章、第八章、第一〇章を鈴木がそれぞれまず訳出した後、岡嶋が全面的に修正を入れるという形で行われた。当初は、四人の共訳とする予定であったが、修正過程での岡嶋の介入の度合いが大きくなったため、私を監訳者とし、山下・鈴木・石井を訳者とした。したがって、全訳責は岡嶋にある。校正の段階で、井上一紀、小嶋恭道、菅原領二の各氏に有益なコメントをいただいた。ここに記して感謝したい。また最後になるが、一介の大学院生にすぎない訳者にこのような機会を与えてくださった人文書院の松岡隆浩氏に改めて感謝を申し上げる。

岡嶋　隆佑

(1)　底本としたのはこの英語版であるが、誤植や不要な文章が削除されている箇所については、一部「英語版への序文」に記載のある初出の仏訳版に従っている。
(2)　現時点で日本語で読めるそうした試みとして、飯盛元章「断絶の形而上学——グレアム・ハーマンのオブジェクト指向哲学における「断絶」と「魅惑」の概念について」、大学院研究年報文学研究科篇、中央大学大学院研究年報編集委員会、第四六号、二〇一六年、星野太「第一哲学としての美学——グレアム・ハーマンの存在論」、『現代思想』、二〇一五年一月号、一三〇—一四二頁。
(3)　代表的なものとして、それぞれ、千葉雅也『動きすぎてはいけない：ジル・ドゥルーズと生成変化の哲学』(河出書房新社、二〇一三年／河出文庫　二〇一七年)、清水高志『実在への殺到』(水声社、二〇一七年)

（4） 例えば現象学者のザハヴィは、本書の最終章に見られる現象学批判（本書二一八頁）をとりあげ、ハーマンによるフッサールの理解が極めて表層的なものであることを指摘した上で、本書の実在論自体にも皮肉交じりの批判を加えている。たしかに当該テクストだけを切り出せば、ザハヴィの批判は全く妥当だろう。しかし本書が現象学に紙幅を割いているのは、第二章においてであり、そこでハーマンはより詳細な議論を展開している。またザハヴィはハーマン的な実在性概念自体をある種の不可知論として非難しているが、まさにその実在性の領域と感覚的領域の相互関係を問題とする（魅惑などの）ハーマンの理論そのものには言及していない。他の思弁的実在論についての議論は措くとしても、少なくともハーマンにかんするこの論考の議論は極めて杜撰であるように思われる。cf. Dan Zahavi, "The end of what? Phenomenology vs. speculative realism", *International Journal of Philosophical Studies*, 24(3), pp. 289-309.

（5） ただし、ハーマンが借用したのは名称だけであり、両者が内容上の対応関係をもっているわけではない。この点については英語圏でも誤解があったようで、ハーマンに寄せられた批判とそれに対する応答は著者のブログで見ることができる。

（6） 飯盛元章訳：https://www2.chuo-u.ac.jp/philosophy/image/76_Theses_on_OOP.pdf

【初版第二刷にあたっての追記】

初版第一刷のあとがきの内容の一部に不備があったため、第二刷にあたって修正・削除を行った。

ハ　行

マ　行

ラ　行

人名索引

著者略歴

グレアム・ハーマン（Graham Harman）

1968年アイオワ州生まれ。アメリカン大学カイロ校教授を経て、現在、南カリフォルニア建築大学特別教授（Distinguished Professor）を務める。現代の大陸哲学の新しい潮流である思弁的実在論およびオブジェクト指向存在論の代表的論者。主要著作として、*Tool-Being: Heidegger and the Metaphysics of Objects*（Open Court Publishing, 2002）、*Guerrilla Metaphysics: Phenomenology and the Carpentry of Things*（Open Court Publishing, 2005）、*Prince of Networks: Bruno Latour and Metaphysics*（re.press, 2009）、*Weird Realism: Lovecraft and Philosophy*（John Hunt Publishing, 2012）、*Quentin Meillassoux: Philosophy in the Making*（Edinburgh University Press, 2nd edition, 2015）、*Immaterialism: Objects and Social Theory*（Wiley, 2016）、*The Rise of Realism*（マヌエル・デランダとの共著 Wiley, 2017）など。邦訳に、「代替因果について」（岡本源太訳、『現代思想』2014年１月）などがある。

監訳者略歴

岡嶋隆佑（おかじま・りゅうすけ）

1987年生まれ。慶應義塾大学大学院文学研究科哲学専攻博士課程在学中。同研究科助教（有期・研究推奨）。主要論文に、「ベルクソンにおける収縮概念について　デイントンおよび平井へのリプライ」（平井靖史・藤田尚志・安孫子信（編）『ベルクソン『物質と記憶』を解剖する』、書肆心水、2016年）、翻訳に、クァンタン・メイヤスー「亡霊のジレンマ」（『現代思想』、2015年１月号）など。

訳者略歴

山下智弘（やました・ともひろ）

1991年生まれ。慶應義塾大学大学院文学研究科哲学専攻博士課程在学中。日本学術振興会特別研究員（DC）。主要論文として、「形而上学にとって責任とは何か　ハイデガー『存在と時間』における本来性の解釈」（『哲学』第139集、三田哲学会、2017年）。

鈴木優花（すずき・ゆうか）

1989年生まれ。慶應義塾大学大学院文学研究科哲学専攻博士課程在学中。

石井雅巳（いしい・まさみ）

1990年生まれ。慶應義塾大学大学院文学研究科哲学専攻修士課程修了。津和野町役場町長付および島根県立大学北東アジア地域研究センター市民研究員。主要論文に、「瞬間・メシア・他性『実存から実存者へ』の時間論分析」（『哲学の探求』第42号、哲学若手研究者フォーラム、2015年）、「『全体性と無限』における享受論の実在論的読解　レヴィナスはいかなる意味で現象学的か」（『フッサール研究』第13号、フッサール研究会、2016年）など。

THE QUADRUPLE OBJECT
by Graham Harman

Japanese translation published by arrangement with Graham Harman
through The English Agency (Japan) Ltd.

Printed in Japan
ISBN978-4-409-03094-3　C3010

四方対象
――オブジェクト指向存在論入門

二〇一七年九月二〇日　初版第一刷発行
二〇二四年一月三〇日　初版第四刷発行

著　者　グレアム・ハーマン
監訳者　岡嶋隆佑
訳　者　山下智弘
　　　　鈴木優花
　　　　石井雅巳
発行者　渡辺博史
発行所　人文書院
〒六一二-八四四七
京都市伏見区竹田西内畑町九
電話〇七五・六〇三・一三四四
振替〇一〇〇〇-八-一一〇三
印刷所　創栄図書印刷株式会社
装　丁　上野かおる

落丁・乱丁本は小社送料負担にてお取り替えいたします

カンタン・メイヤスー著／千葉雅也、大橋完太郎、星野太訳

有限性の後で

偶然性の必然性についての試論

二二〇〇円

この世界は、まったくの偶然で、別様の世界に変化しうる。
人文学を揺るがす思弁的実在論、その最重要作、待望の邦訳。

カンタン・メイヤスーの最初の一冊にして代表作である本書は、さほど長いものではないが、濃密に書かれた書物だ。アラン・バディウが序文で述べるように、これは一種の「証明」の試みに他ならない。何を証明するのか。ひとことで言えば、事物それ自体を思考する可能性があるということの証明である。カントの用語を使うならば、本書は、私たちを「物自体」へ向けて改めて旅立たせるものである、と紹介することもできるだろう。（訳者解説より）

アレクサンダー・R・ギャロウェイ著／北野圭介訳

プロトコル

脱中心化以後のコントロールはいかに作動するのか

三八〇〇円

デジタル社会のハードコアを捉えた衝撃作

ネット空間を制御する論理＝プロトコルは、いまや現実世界をも深く貫いている。その作動方式を技術面から精緻に捉え、大胆に概念化することで、現代社会論、権力論、メディア論など人文諸学を全面的に更新した、新時代のマグナム・オーパス。『〈帝国〉』論を過去のものにし、『資本論』を生命論として読み替え、アート論にまで飛翔する、思想界を掻き立てる鬼才が二〇代で著した話題作、ついに邦訳。

マヌエル・デランダ著／篠原雅武訳

社会の新たな哲学

集合体、潜在性、創発

二八〇〇円

物質的／非物質的諸条件、ネットワークによる交流の反復を軸に、小さな共同体から、企業、都市、国家、社会運動までをフラットに分析。有機体的社会観の乗り越えと、偶然的な創発の解明に挑んだ、新しい社会実在論の試み。

篠原雅武編

現代思想の転換２０１７

知のエッジをめぐる五つの対話

一八〇〇円

歴史の転換点のいま、何を考えるべきか。人文学の尖端を切り拓く五人の研究者が語る、知の未来。中村隆之、小泉義之、藤原辰史、千葉雅也、ティモシー・モートン。オブジェクト指向存在論、思弁的実在論への言及も多数あり。